Selbst VERTRAUEN

EDITION XXL

Inhalt

Einführung

Spätestens wenn wir an einem Punkt ankommen, an dem unsere ideale Vorstellung von uns selbst und unserem Leben spürbar von dem abweicht, was wir sind und wie unser Leben ist, klettern manche von uns vom Rücksitz ihres Lebensautos nach vorn und übernehmen das Steuer selbst. Einige warten auch nicht so lange, sondern machen sich schon frühzeitig auf den Weg.

Aber: Klettern meint nicht spazieren gehen! Sie werden also kein einfaches Rezept in diesem Buch finden – und auch keine Fertigsuppe, die Ihren Veränderungshunger mit Fast Food stillt. Eher geben die Kapitel Ihnen Zutaten an die Hand, mit denen Sie sich einen reichhaltigen Lebenseintopf zubereiten können.

Sie erhalten zu jedem Aspekt Aufgaben, Übungen und Werkzeuge, um Ihre bisherige Entwicklung überprüfen und Ihr weiteres Wachstum fördern zu können. Der Ratgeber wird Sie ermutigen, die Wirklichkeit deutlich wahrzunehmen, sich selbst zu akzeptieren und mit Neugier und Experimentierfreude neue Wege zu erkunden.

Für eine Vertiefung einzelner Aspekte finden Sie am Ende des Buches zahlreiche nützliche Literaturhinweise.

Die größte Entscheidung ...

... deines Lebens liegt darin, dass du dein Leben ändern kannst, indem du deine Geisteshaltung änderst.

Albert Schweitzer

Sich selbst erkennen

„Erkenne dich selbst" – das ist die Devise des ersten Kapitels. Wenn wir nicht wissen, wer wir sind, was uns antreibt und was uns behindert, können wir kaum ein schlüssiges Bild von uns präsentieren. Wir erkunden also den Zusammenhang von Selbstwert, Selbstbewusstsein und Selbstvertrauen und anschließend unsere Wahrnehmung sowie unsere Wahrnehmungsfilter. Die Archetypen von Gefühlen und Bedürfnissen führen uns danach direkt zu unseren Verhaltensmustern und unseren Lieblingsrollen im Alltag. Nach einem Blick von außen auf uns und einer Erkundung des persönlichen Talentbereichs widmen wir uns schließlich der Kommunikation mit anderen.

Die Verbindung der Selbst-Wörter

Unser Selbst ist ein aus vielerlei Komponenten zusammengesetztes, komplexes Gebilde. Selbstwert, Selbstbewusstsein und Selbstvertrauen sind die Kernelemente, auf die wir immer wieder zurückkommen werden. Deshalb ist es wichtig, sich zunächst mit der Bedeutung und den Beziehungen der Selbst-Wörter untereinander auseinanderzusetzen.

Selbstbewusstsein

Mit dem Begriff „Selbstbewusstsein" assoziieren wir im täglichen Leben so etwas Ähnliches wie Durchsetzungskraft oder auch Stolz.

In diesem Buch ist aber etwas anderes damit gemeint, nämlich ein Bewusstsein seiner selbst zu haben, was nichts anderes bedeutet, als sich selbst zu kennen. Dies bezieht sich nicht auf äußere Faktoren, sondern auf das Innerste, Persönlichste. Der Bereich des Selbstbewusstseins erstreckt sich auf Reaktionsweisen unter Stress, auf das Spielen beliebter Rollen, auf Beleidigtsein und Glücklichsein, auf Denkmuster, bevorzugte Verhaltensweisen und vieles mehr. Diese Art des Bewusstseins hat nicht zur Folge, dass man sich im Vergleich zu den Mitmenschen ganz besonders wenig oder viel Wert beimisst oder sich schlechter oder besser gegen andere durchsetzt, sondern einfach, dass man erkennt, wer man tatsächlich ist. In diesem Sinne ist Selbstbewusstsein eine authentische Grundlage dafür, sich selbst sowie andere Menschen wirklich akzeptieren – wertschätzen – zu können.

Die Entwicklung von Selbstbewusstsein ist ein Weg, der niemals endet. Im Gegensatz zu einer statischen Fähigkeit, die wir uns antrainieren und die dann einfach vorhanden ist (etwa so wie Fahrradfahren), ist die Bewusstseinsentwicklung dynamisch. Der Weg ist nicht immer leicht und wir kommen auch schnell von ihm ab. Der Lohn aber besteht – auf das Thema dieses Buches bezogen – beispielsweise darin, mehr Selbstvertrauen zu entwickeln und sich selbst wertzuschätzen.

Selbstwert

Das Gefühl für den eigenen Wert, den Selbstwert, ist für den Menschen ein sehr wichtiger Regulator. Er wird unter anderem durch Verletzung, Ermutigung, Rückschläge, Missachtung, Anerkennung und Vergleich beeinflusst. Gelegenheiten für förderliche und beeinträchtigende Einflüsse auf unser Selbstwertgefühl finden sich in allen unseren Lebensbereichen und begleiten uns fortwährend. Im besten Fall erfahren und erfuhren wir Unterstützung.

Besteht aber die Gefahr, dass unser Selbstwertgefühl beschädigt wird, greifen wir unbewusst zur Selbsthilfe: Wir mobilisieren Abwehrmechanismen, die sich in unserem Leben bisher bewährt haben. Je nach Mentalität, Harmoniebedürfnis und bisher gemachten Erfahrungen fallen diese unterschiedlich aus: Einige Menschen ziehen sich zurück, andere greifen an.

Die Abwehrmechanismen sind notwendige Verhaltensweisen, um bei Frustration das Selbstwertgefühl zu schützen, sie haben allerdings rückkoppelnden Einfluss auf unser Selbstwertgefühl. Doch dazu im Detail später (siehe Seite 25f.).

Sich seiner selbst bewusst zu sein und ein kritisches – im ermutigenden wie auch hinterfragenden Sinn – Gefühl für den eigenen Wert zu haben sind die besten Grundlagen für die Entwicklung von Selbstvertrauen. Selbstvertrauen meint ein Vertrauen zu sich selbst, seinen Kräften, Talenten. Doch wie kommt es dazu? Wie entsteht Selbstvertrauen?

Selbstvertrauen

Selbstvertrauen ist wie ein Gefäß. Der Begriff selbst liefert den ersten Hinweis auf seinen komplexen Inhalt. In dem Wortteil „trauen" sind zwei wichtige Aspekte enthalten: Trauen bedeutet hier zum einen „sich trauen" im Sinne von „etwas wagen", zum anderen aber auch „sich selbst trauen" im Sinne von „sich auf sich selbst verlassen".

Der eine Aspekt ist eng mit dem anderen verbunden: Sie wagen, zum Beispiel etwas Neues, Ungewohntes zu tun, und können sich zukünftig auf sich und die gemachten Erfahrungen verlassen. Ihre erprobten Kräfte und neuen Kenntnisse bewegen Sie nun erneut, etwas zu wagen, was wiederum dazu führt, dass Sie wachsen und sich danach noch mehr auf sich, Ihre Erfahrungen und Ihre Kräfte verlassen können. Kurzum: Zuerst trauen Sie sich etwas und danach können Sie sich ein wenig mehr selbst (ver-)trauen. Das Wachstum hat begonnen. Ihr Selbstvertrauen wächst mit dem Wechsel von sich etwas trauen und sich selbst trauen, von Wagnis und Erfahrung. Das Gefäß füllt sich.

Aufgabe: Mosaiksteine des Selbstvertrauens

Können Sie sich erinnern, wann Sie in Ihrem Leben etwas Neues gewagt haben? Was haben Sie sich getraut, zu tun, von dem Sie nicht gedacht hätten, dass Sie es können – geschweige denn jemals tun würden?

Gehen Sie Ihre Lebensphasen nacheinander durch und betrachten Sie alle Bereiche – schulisch, beruflich, geschäftlich, privat, in Familie und Freizeit! Werden Sie sich der Mosaiksteine Ihres Selbstvertrauens bewusst, und beantworten Sie folgende Fragen: Worin bestand das Wagnis/das Neue? Was habe ich gelernt? Was habe ich gewonnen?

Die menschlichen Wahrnehmungsfilter

Wenn Selbstwertgefühl und Selbstbewusstsein sich im wachsenden Selbstvertrauen wiederfinden, wird es Zeit, nach draußen zu gehen. Gelingt es uns, uns so zu präsentieren, wie wir sind? Wird man uns glauben? Was können wir für unsere Glaubwürdigkeit tun?

Das Geheimnis unserer Glaubwürdigkeit

Befinden wir uns im Gleichklang mit uns selbst, wirken wir authentisch im Sinne von echt und stimmig. Die Autoren Schmitt/ Esser nennen vier Komponenten, die dazu in Balance sein müssen: das Fühlen, das Denken, das gesprochene Wort und das Verhalten.

In einem Zustand der ausbalancierten Stimmigkeit fühlen wir uns stark und in der Lage, unsere Interessen gut zu vertreten. Die Balance der vier Komponenten Fühlen, Denken, Sprechen und Ver-halten, unsere Authentizität, ist die Grundlage für einen stimmigen und damit glaubwürdigen Auftritt. Wie aber nehmen andere uns wahr? Was nehmen sie wahr? Was müssen wir tun und sagen, damit sie uns erkennen können? Nehmen Sie sich selbst als Beispiel: Wie nehmen Sie die Welt wahr? Wie machen Sie sich ein Bild von Ihren Mitmenschen?

Wahrnehmung

Was wir über unsere Umwelt, unsere Mitmenschen und uns selbst wissen, haben wir über unsere Wahrnehmung erfahren. Wahrnehmung bezeichnet unsere Fähigkeit, Informationen über die Außenwelt aufzunehmen und zu verarbeiten.

Die Pforten unserer Wahrnehmung sind die Sinnesorgane, unsere Augen, Ohren, Nase, Mund und Haut. Sie sind unsere Berührungspunkte mit der Welt.

Im Alltag gehen wir ganz selbstverständlich davon aus, dass unsere Wahrnehmung ein verlässliches Abbild der Realität ist. Doch in Wahrheit sehen, hören und fühlen wir die Welt durch eine komplexe Reihe von Filtern.

Demnach ist die Welt, die wir wahrnehmen, nicht die reale Welt. Unsere Wahrnehmung bildet die Welt ungefähr so genau ab, wie eine Karte ein Gebiet abbildet. Und jedes Kind weiß, dass es unterschiedlichste Karten gibt, Landkarten, topografische Karten, Wanderkarten, Straßenkarten – genaue Karten und ungenaue Karten, große Karten und Ausschnittskarten. Eine Karte enthält niemals alle Details der Realität, sondern zeigt lediglich Aspekte daraus.

Dazu kommt, dass wir immer nur einen Ausschnitt sehen und darin auch nur einzelne Aspekte wahrnehmen. Wenn mehrere auf eine Landkarte schauen, dann sehen manche nur grüne Flächen (viel Wald!), manche erkennen nur die gelben Linien (nur Autobahnen) und manche bemerken nur, dass die Karte alt und zerfleddert ist (zu ersetzen). Auf welchen Teil unserer Karte – unserer Wahrnehmung der Realität – wir unsere Aufmerksamkeit lenken, ist gefiltert durch unsere Einstellungen, Stimmungen, Interessen und Vorurteile:

Unbewusst erklären und interpretieren wir unsere Beobachtungen, bevor wir ausreichend über die Situation wissen (Vorurteil). Wir schauen von innen nach außen. Stimmungen, Gefühle und Tagesform färben unsere Wahrnehmung ein (Emotionen).

Unsere Vorerfahrungen begünstigen bestimmte Erwartungshaltungen und lenken den Blick auf genau die Einzelheiten, die diese Erfahrungen wieder bestätigen könnten (Filter).

Fallbeispiel: Ein bekanntes Phänomen

Carsten M. hatte hart um seine Ausbildung zum Illustrator kämpfen müssen. „Illustrator, das ist doch kein Beruf, mit dem man Geld verdient", hieß es zum Ende seiner Schulzeit. Dennoch hatte er die Ausbildung angefangen – und abgeschlossen – und schlug sich nun seit einiger Zeit mehr schlecht als recht als freier Zeichner durch. Seine Arbeiten waren wettbewerbsfähig, die Honorare moderat und dennoch erhielt er nur wenige Aufträge – zu wenige, um davon leben zu können. Jedes Mal, wenn er ein Angebot abgab oder auf eine Ausschreibung reagierte, ging irgendetwas schief, es kam fast nie ein Auftrag zustande. Mal verpasste er den Termin, mal hatte er das Briefing nicht genau gelesen, mal das Thema verfehlt. Für ein umfangreiches Projekt hatte er zuletzt aufwendige Skizzen angefertigt und diese sogar rechtzeitig zum Abgabetermin auf die Post gebracht. Aber der Brief kam, so berichtete Carsten M., nach einiger Zeit zurück. Er trug einen Postaufkleber, auf dem stand: Adressat unbekannt. Was war diesmal passiert? Carsten M. hatte eine falsche Adresse auf den Umschlag geschrieben!

Wie Wahrnehmungsfilter entstehen

Im Fachjargon heißt dieses Phänomen „Sich selbst erfüllende Prophezeiung" oder auch „Self-fulfilling Prophecy": Ich mache mir ein Bild von der Welt und sorge dafür, dass es bestätigt wird. Der Alltag beweist uns diesen Mechanismus in vielfältigen Variationen: Sie sind sich sicher, dass Sie ein Projekt nicht rechtzeitig abschließen können? Das ist die beste Voraussetzung, dass Sie es nicht rechtzeitig abschließen werden – Ihre

Prophezeiung ist schon dabei, sich zu erfüllen! „Frau G. lügt!“ Sie werden sicher Beweise dafür finden, dass Frau G. nicht die Wahrheit sagt, aber haben Sie auch ernsthaft nach Beweisen, dass sie nicht lügt, Ausschau gehalten? Niemand wird Sie beim heutigen Empfang sehen, geschweige denn ansprechen? Sie sind bereits dabei, dafür zu sorgen, dass es genau so kommt!

Unsere „Prophezeiungen“ erfüllen sich nämlich keinesfalls von selbst, sondern wir sorgen kräftig und unbewusst mit dafür, dass die Vorhersagen sich erfüllen. Es verhält sich mit den Vorhersagen ein wenig so, als ob wir uns selbst ein Ziel vorgeben, das wir anschließend versuchen zu erreichen. Wir „sagen etwas vorher“ und sorgen dafür, dass es wahr wird. Mit unserer Prophezeiung falschzuliegen, würde bedeuten, dass wir eine falsche Vorhersage, einen Fehler gemacht haben. Ein Fehler würde unser Selbstvertrauen ankratzen. Folgerichtig sorgen wir dafür, dass sich unsere Prophezeiung erfüllt.

Das ist ganz leicht, zum Beispiel auch im Fall des „Ich werde nicht gesehen!“. Ihr Unterbewusstsein sorgt mit fast unmerklichen Botschaften und Signalen an Ihre Mitmenschen dafür, dass Sie unsicher und unscheinbar wirken, und es berät Sie in diesem Sinne gern auch bei der Auswahl des Outfits für den Abend. Sie gehen zum Empfang, niemand sieht Sie und – wunderbar – Ihre Prophezeiung wird bestätigt, Sie hatten eindeutig recht: „Niemand sieht mich!“ Das Selbstwertgefühl ist auf perfide Weise ein wenig gestärkt. Ich hatte recht! Und das Selbstvertrauen hat eine weitere Erfahrung zu verbuchen, allerdings eine, die Ihre bisherigen Erfahrungen nur einmal mehr bestärkt.

Ziehen wir solch ein Procedere oft genug durch und machen wir diese Erfahrung mehrere Male hintereinander, wird aus dem Erfahrungs-Feldweg mit der Zeit eine befestigte Erfahrungs-Landstraße. Je breiter und befestigter aber unsere Erfahrungswege ausgebaut sind, desto schwieriger wird es, sie zu verlassen.

Erfahrungen wirken wie Wahrnehmungsfilter, durch die wir nur noch die Aspekte der Realität wahrnehmen, die wir in unseren bisherigen Erfahrungen wiederum bestätigen. Unsere Filter verhindern, dass wir die Realität vollständig wahrnehmen und unsere Aufmerksamkeit auch auf vernachlässigte Aspekte lenken! Eine gefilterte Wahrnehmung der Realität zeigt nur noch einen Ausschnitt davon. Zu wissen, welche Filter bei unseren Wahrnehmungen – und deren Interpretation – eine Rolle spielen, hilft uns, die Realität objektiver zu betrachten. Nur so können wir den Situationen und den Menschen darin gerecht werden (vom Vor-Urteil zum Urteil).

Unsere Wahrnehmung ist durch individuelle Filter wie persönliche Erfahrungen und Gefühle beschränkt.

Manifestationen

Manifestationen sind das Pendant zu den gerade beschriebenen sich selbst erfüllenden Prophezeiungen. Sie nutzen denselben Mechanismus der Vorhersage und der unbewussten Bestätigung der Vorhersage. Allerdings basieren Manifestationen nicht auf unseren bisherigen Erfahrungen (und Glaubenssätzen), sondern entwerfen ein positives Bild eines erwünschten und zu erreichenden Ergebnisses.

Ein banales Beispiel: Sie manifestieren, dass Sie genau am Zielort einen Parkplatz finden werden. Faktisch wird es dadurch nicht mehr oder weniger Parkplätze geben, aber: Sie lenken durch diese „Vorhersage" Ihre Aufmerksamkeit. Nicht mehr die ärgerlicherweise besetzten Parkplätze, die vollen Straßen oder die verfehlte Verkehrspolitik sind in Ihrem Blickfeld, sondern ausschließlich mögliche Parklücken.

Wie bei der sich erfüllenden Prophezeiung schauen Sie auch beim Manifestieren von Ereignissen mit einem Filter auf die Karte der Realität. Die einschränkende Wirkung des Filters hilft Ihnen, alles für das Ergebnis Unwichtige auszublenden. Die Manifestation bewirkt, dass Sie sich fokussieren und Ihre bewussten – und vor allem auch Ihre unbewussten – Kräfte auf das vorhergesagte Ereignis lenken. Sie konzentrieren sich auf das erhoffte Ergebnis und tragen damit wesentlich dazu bei, dass es eintreten kann.

Die folgende Aufgabe lädt Sie ein, sich auf einen ersten persönlichen Elevator Pitch (zu Deutsch: „Fahrstuhlpräsentation") einzulassen. Hinter diesem Begriff steht die Idee, innerhalb kürzester Zeit das Wesentliche zu einem Thema zu erzählen. Der Begriff wird vor allem im geschäftlichen Zusammenhang gebraucht. Hier geht es in der Regel darum, das Anliegen des eigenen Unternehmens und den Nutzen, den ein potenzieller Kunde aus einer Geschäftsverbindung ziehen könnte, darzulegen.

Die Bezeichnung „Elevator Pitch" weist darauf hin, dass die Präsentation denkbar knapp und konzentriert gehalten werden soll, sodass Sie innerhalb genau der Zeit, die ein Aufzug braucht, um Sie vom ersten zum letzten Stock eines Gebäudes zu bringen, alles Wichtige sagen.

Aufgabe: Elevator Pitch zum „Ich"

Erklären Sie imaginären Mitfahrern im Fahrstuhl kurz und knapp, wie Sie funktionieren.

Beantworten Sie dazu die folgenden Fragen – am besten schriftlich. Verdichten Sie Ihre Antworten auf jeweils einen aussagekräftigen Satz und stoppen Sie die Zeit, die Sie brauchen, um Ihren Mitfahrern die zehn Aspekte Ihrer Persönlichkeit zu kommunizieren.

☺ Was mag ich?
💣 Wann gehe ich in die Luft?
♥ Womit kann man mir schmeicheln?
☹ Was ärgert mich?
🌴 Wie gewinnt man meine Sympathien?
♫ Wodurch bin ich zu verführen?
☾ Was ist mir wichtig?
🕷 Was kann ich überhaupt nicht ausstehen?
🚑 Woran möchte ich nicht erinnert werden?
? Was ist darüber hinaus wichtig, über mich zu wissen?

Bedürfnisse erkennen

Kennen Sie diesen frustrierenden Moment? Sie sind gerade dabei, in vertrautem Kreis ein Modell zur Verbesserung der Welt zu entwerfen, und streiten engagiert über die Details, als es aus der Küche schallt: „Das Essen ist fertig", und alle Versammelten aufspringen, um zu Tisch zu laufen? Dies ist nur ein harmloses Beispiel für den Einfluss unserer Bedürfnisse auf unser Tun.

Unsere vielfältigen Bedürfnisse lassen sich in fünf Stufen aufteilen. Die rudimentären Bedürfnisse sind die des nackten Überlebens, umfassen also Nahrungsaufnahme sowie eine trockene und sichere Unterkunft. Auf einer anspruchsvolleren Ebene sind Bedürfnisse unseres Selbst und unserer sozialen Einbindung angesiedelt. Unsere Bedürfnisse darüber hinaus liegen im Bereich der Selbstverwirklichung mit allen zugehörigen persönlichen und kulturellen Facetten.

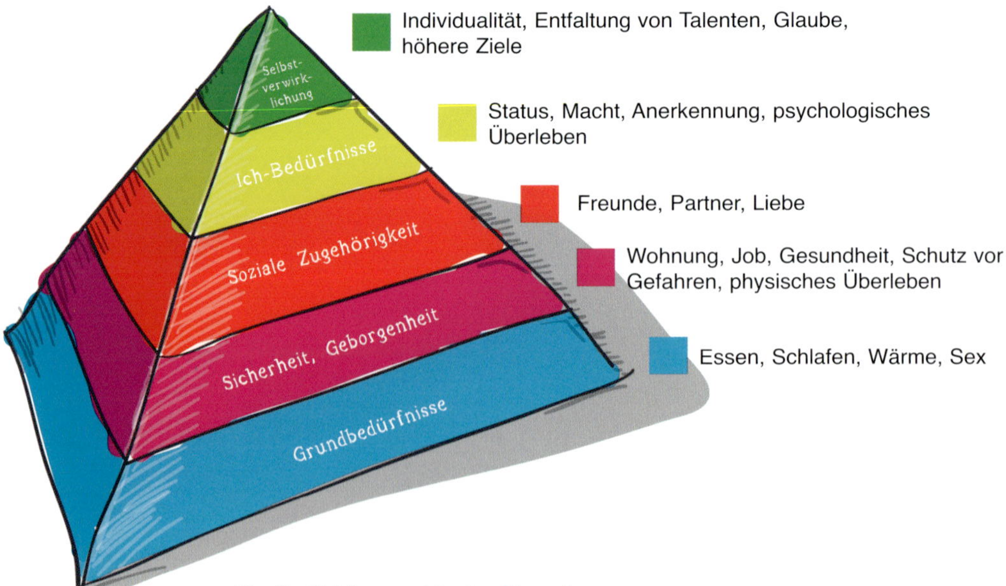

Die Bedürfnispyramide des Menschen

Wir kümmern uns immer zuerst um die unteren Stufen. Höheren Bedürfnisstufen wenden wir uns erst dann zu, wenn die Bedürfnisse auf den unteren Stufen gesichert sind.

Konkret bedeutet das: Wenn Sie müde, hungrig oder erschöpft sind (Stufe 1 nicht gesichert), werden Sie sich nicht zu Aktivitäten auf der 2. Stufe aufraffen oder zwingen können, selbst bei noch so strenger Disziplin. Und jemand, dessen Sicherheit bedroht ist (Stufe 2 nicht gesichert), hat keinen Sinn für „höhere Werte". Diesen Mechanismus können wir vielerorts im Alltag sowie auch in Krisen beobachten. Ein einfaches Beispiel beginnen Veranstaltungen häufig mit einem Häppchen und einem lockeren sozialen Get-together.

Andersherum gilt aber auch: Wir widmen uns nur so lange einer höheren Bedürfnisstufe, solange die Stufen darunter (noch) gesichert scheinen. Droht ein höheres Ziel, für das wir jemanden begeistern möchten, dessen Bedürfnisse auf einer darunterliegenden Stufe einzuschränken (zum Beispiel Machtstatus, Zugehörigkeit), wird er sich gegen das höhere Ziel entscheiden.

Behalten Sie dies für Ihre öffentlichen Auftritte, schwierigen Verhandlungen und angestrebten Ziele im Hinterkopf!

Übung: Meine Bedürfnisse kennen

Erstellen Sie zunächst eine Liste Ihrer Bedürfnisse. Tragen Sie diese in die mittlere Spalte ein.

1.		
2.		
3.		
4.		
5.		
6.		
7.		
8.		
9.		
10.		
11.		
12.		
13.		
14.		
15.		

Im zweiten Schritt sehen Sie sich die Bedürfnispyramide an und notieren in der rechten Spalte zu jedem Bedürfnis die entsprechende Stufe.

Anschließend prüfen Sie in einem dritten Schritt, welches die niedrigste Stufe ist, auf der Sie noch unerfüllte Bedürfnisse haben. Hieran können Sie erkennen, welchen Ihrer Bedürfnisse Sie sich als Erstes widmen sollten, um anschließend Energien frei zu haben, sich den Bedürfnissen der nächsthöheren Stufe zu widmen.

Gefühle ernst nehmen

Zentrales Anliegen eines jeden Menschen ist, seinen Selbstwert zu erhalten. Das Gefühl für den Selbstwert wird idealerweise in allen Lebensbereichen bestätigt, zum Beispiel am Arbeitsplatz durch fachliche Qualifikation, durch Erfolg und Karriere, in der Familie durch Liebe, Harmonie, Intimität und Achtung der Person, im Verhältnis zu Freunden und Bekannten durch Anerkennung und Wertschätzung, im Verhältnis zu sich selbst durch Stimmigkeit von Selbstbild und Fremdbild, von Ich und Ich-Ideal und letztlich auch durch ein gutes Gewissen, das aus der Übereinstimmung von Einstellung und Verhalten resultiert.

Verletzte Selbstwertgefühle

Wird der Selbstwert infrage gestellt, beispielsweise durch das Ausbleiben von einzelnen oder mehreren der oben angeführten Bestätigungen oder durch andere Frustrationen, treten Abwehrmechanismen auf den Plan.

Diese bestehen in Wut, Verdrängung, Gereiztheit: Wir neigen dann dazu, in den Konflikt mit uns selbst oder anderen zu gehen und die Auswirkungen der Abwehrmechanismen in Kauf zu nehmen – Streit, Kampf, Wut, Vorwürfe, offene Aggression, Strafe oder auch Resignation. Denn: Das höchste Gut des Einzelnen ist der eigene Wert.

Unsere Gefühlsausbrüche und körperlichen Reaktionen sind ein deutliches Anzeichen dafür, dass wir glauben, dass unser Selbstwert gerade in irgendeiner Weise infrage gestellt wird. Im unbewussten Bemühen, den Selbstwert „koste, was es wolle" zu schützen, übernehmen unsere Gefühle das Steuer und bestimmen unser Verhalten. In diesen Momenten denken wir nicht rational und neigen zu übertriebenen Handlungen, die wir später bei nüchterner Betrachtung häufig bedauern. Diese Zusammenhänge zu verstehen, die Botschaft zu entschlüsseln und das „Motiv des Selbstwertschutzes" zu kennen, hilft nicht nur, unser eigenes Verhalten besser einordnen und steuern zu können, sondern auch, Gefühlsäußerungen und Ausbrüche anderer als das zu erkennen, was sie häufig sind: irrationale Selbstschutzaktionen! Voraussetzung für dieses Verständnis ist das Bemerken von Gefühlen.

Schmerzende Gefühle

Jedes Gefühl wie Angst, Wut, Trauer hat Entsprechungen auf der körperlichen Ebene. Was genau man fühlt, wenn man beispielsweise verärgert ist, mag von Person zu Person unterschiedlich sein. Eine Enge und ein Ziehen zwischen den Schulterblättern, ein steifer Hals, verkrampfte Kaumuskeln, Atemnot, eine zugeschnürte Kehle – dies sind Beispiele für Empfindungen auf der rein körperlichen Ebene, die mit den Gefühlen des Angegriffenen eng zusammenhängen. Die meisten Menschen sind nicht darin geübt, auf solche Körpersignale zu achten. Der Körper soll eben funktionieren und auf sein Nicht-Funktionieren wird meist lediglich mit Unwillen reagiert. Dabei lohnt es sich sehr, diese Signale zu beachten, geben sie doch genaue Hinweise auf das, was mit uns passiert und welche Gefühle gerade unser Verhalten steuern.

Das Wahrnehmen von Gefühlen ist für die meisten Menschen gewöhnungsbedürftig und braucht ein wenig Übung: Wenn Sie ein starkes Gefühl verspüren, horchen Sie einen Augenblick lang aufmerksam in sich hinein und achten Sie darauf, wie sich Ihr Körper anfühlt. Schreiben Sie auf, welche Symptome Sie bemerkt haben.

Machen Sie das öfter, dann können Sie nach einiger Zeit immer müheloser Empfindungen auf der körperlichen Ebene wahrnehmen. Sie fangen an, zu verstehen, was die einzelnen Empfindungen bedeuten und wie Sie darauf typischerweise reagieren.

Übung: Die eigene Gefühlswelt erkunden

Mit dieser Aufgabe schulen Sie Ihre Aufmerksamkeit und Wahrnehmungsfähigkeit für Gefühle.

Versuchen Sie, die nachstehenden Fragen jeweils für die Gefühle Freude, Traurigkeit, Wut, Angst und Mitleid sowie für sexuelle Gefühle zu beantworten und die tatsächlichen körperlichen Empfindungen sowie Verhaltensweisen so genau wie möglich zu beschreiben. Wenn Sie an einer Stelle nicht weiterkommen, nehmen Sie sich das nächste Gefühl vor und bearbeiten die Fragen dort, so gut Sie es erst einmal können. Halten Sie in den folgenden Tagen Ausschau nach den Gefühlen, bei denen Sie sich mit den Antworten nicht sicher waren. Beobachten Sie sich und andere im Alltag und schreiben Sie dann Ihre Gefühlsbeobachtungen in die Felder. Es hilft, einen Anfang zu finden, wenn Sie sich für jede Emotion zunächst an das letzte Mal, als Sie dieses Gefühl selbst erlebten, erinnern und sich dazu die Details des Erlebnisses ins Gedächtnis rufen. Aber Achtung: Falls Sie damals negative Gefühle erlebten, geben Sie diesen nicht erneut Raum, sondern bleiben Sie beim Thema!

	Körperteil – fühlt sich wie an?	Verhaltensweise, Reaktion oder Äußerung?
Freude		
Wie drücken andere dieses Gefühl aus?		
Wie drücke ich dieses Gefühl aus?		
Wie wird dieses Gefühl in mir ausgelöst?		
Wie lautet die Botschaft des Gefühls?		
Wie kann ich das Gefühl besser/angemessener/verständlicher ausdrücken?		

Im Griff des Autopiloten

Mit dem Begriff „Autopilot“ wird die Fähigkeit des Menschen zum automatischen Vergleichen und Zusammenfassen von Ereignissen in Mustern und Regeln bezeichnet. Im Autopilot-Modus handeln wir entsprechend den zuvor von uns selbst gebildeten Mustern und Regeln. Jede einzelne Regel wird, wenn sie erst einmal etabliert ist, später nicht mehr gern hinterfragt, sondern einfach befolgt. Unser Autopilot ermöglicht uns, sehr effizient alltägliche Anforderungen zu meistern und ist angesichts direkter Gefahr sogar überlebenswichtig. Er hindert uns aber auch manchmal, neue Sicht- und Verhaltensweisen einzunehmen und aus dem „Schubladendenken“ auszubrechen.

Tischplattenlogik

Stellen Sie sich eine Tischplatte vor, die mit einer gleichmäßig, dicken Schicht Sand bedeckt ist. Wenn nun ein Gegenstand, beispielsweise eine Glasmurmel, senkrecht auf diesen Sand fällt, wird die Kugel genau dort liegen bleiben, wo sie hingefallen ist. Eine zweite Kugel, die fünf Zentimeter neben die erste fällt, bleibt ebenfalls genau an der entsprechenden Stelle liegen. Abstrakt formuliert kann man also sagen, dass der jeweilige Input (die fallende Kugel) sehr exakt verarbeitet und genauestens wiedergegeben wird.

In der idealen Vorstellung sollten wir genauso beschaffen sein, wir sollten Input ebenso genau behandeln wie die Sandfläche. Die menschliche Wirklichkeit jedoch sieht ganz anders aus.

Muldenlogik

Im Gegensatz zum obigen Modell der Sandoberfläche funktioniert unser Gehirn eher wie ein Kopfkissen: Die erste Kugel schafft sich eine Vertiefung und bleibt in dieser liegen. Die nächste Kugel schafft sich eine eigene Vertiefung, wenn sie weit genug von der ersten entfernt landet, sonst rollt sie zur ersten Kugel. Nach einigen Kugeln ist das ganze Kopfkissen quasi zur Landschaft geworden, es gibt nur noch Vertiefungen und Rinnen, aber keine Stellen mehr, an der eine neue Kugel einfach liegen bleiben könnte: Sie muss unweigerlich in eine der vorhandenen Mulden rollen und sich zu den dort bereits liegenden Kugeln gesellen.

Der Mensch – ein Muster bildendes System

Wir verfügen über die einzigartige Fähigkeit, mit großer Geschwindigkeit Ereignisse mit bisherigen Erfahrungen zu vergleichen und aus diesen Vergleichen Muster zu bilden und Regeln abzuleiten. (Die Kugeln rollen also sehr schnell in ihre Mulden.) Diese Fähigkeit ermöglicht uns erst, in unserer Welt zu leben. Ein Frühstück zubereiten oder Auto fahren zum Beispiel sind komplexe Tätigkeiten, die wir oft automatisch verrichten. Stellen Sie sich vor, sie müssten jeden Morgen die Bedienungsanleitung der Kaffeemaschine aufs Neue studieren oder sich beim Autofahren vor jedem Bremsen ins Gedächtnis rufen, wie das geht. Sie hätten keine Chance, Ihren Tag auch nur halbwegs zu meistern. Die Muldenbildung, also ähnliche Erfahrungen zusammenzufassen und in automatisierten Abläufen zu speichern, sodass wir im Autopilot-Modus agieren können, erleichtert uns das Leben.

Get the cheese

Anderseits verschafft diese Musterbildungsfähigkeit uns aber nicht nur Vorteile: Stellen Sie sich einen Raum vor, in dem es nach Käse riecht und in dem mehrere Röhren parallel nebeneinander liegen. In einer dieser Röhren liegt tatsächlich Käse.

Wenn Sie nun eine Maus in diesen Raum lassen, wird die Maus anfangen, den Käse zu suchen. Sie wird erst in einer Röhre suchen, dann in der nächsten und so fort, bis sie den Käse gefunden hat. Beim nächsten Mal wird sie genau dieses Verhalten wieder zeigen. Es wird relativ lange dauern, bis sie begreift, dass der Käse immer in einer bestimmten Röhre liegt. Wenn die Maus das verstanden hat, sich also ihr Muster „Käse in der dritten Röhre" gebildet hat, wird sie von da an geradewegs zur richtigen Röhre laufen. Wenn nun aber der Käse eines Tages in einer anderen Röhre liegt, ihr Muster also nicht mehr greift, wird die Maus dieses Muster ohne Zögern verlassen und in den anderen Röhren suchen.

Ganz anders der Mensch: Wir erkennen sehr schnell, wo der Käse liegt, und holen ihn uns ohne Weiteres aus der richtigen Röhre. Wenn jedoch der Käse plötzlich in einer anderen Röhre liegt, tun wir uns ungleich schwerer als die Maus, unser Muster loszulassen und in den anderen Röhren nachzusehen. Wir werden erst mit unseren Kollegen diskutieren, wer daran schuld ist, dass so etwas nicht vorkommt, wie man die richtige Röhre bezeichnen kann, damit der Käse immer in diese gelegt wird, welche Vereinbarungen getroffen werden sollten, damit es Zukunft klappt – und so weiter und so fort.

Unsere eigenen im Autopilot gespeicherten Muster verstellen uns den Blick auf die tatsächlichen Gegebenheiten und hindern uns daran, frisch und ergebnisorientiert auf die neue Situation zu reagieren. Und: Erst wenn eine scheinbar selbstverständliche Komponente oder eine Voraussetzung in einem angelegten Muster verändert wird, verlassen wir (unwillig) den Autopilot-Modus, um alsbald ein neues effizientes Ersatzmuster zu entwickeln.

Aufgabe: Den Autopilot gezielt ausschalten

Sammeln Sie Beispiele für Tätigkeiten, die Sie im Laufe eines Tages und einer Woche im Autopilot-Modus bewältigen. Was tun Sie, ohne über die Details nachzudenken, also quasi automatisch?

Suchen Sie in Ihren verschiedenen Lebensbereichen nach komplexen Tätigkeiten und Aktionen mit jeweils mehreren einzelnen Teilaktionen. Notieren Sie nun jeweils einige wichtige und typische Bestandteile und Voraussetzungen der Muster, nach denen Sie diese Tätigkeit im Autopilot ausführen. Anschließend werden Sie kreativ: Was müsste passieren, damit das Muster, die Regel nicht mehr funktioniert? Welche bisher selbstverständlichen Komponenten, Techniken, Voraussetzungen könnten Sie entfernen, damit das Muster neu entwickelt werden muss?

Muster/Regel	Bestandteile, zum Beispiel	Änderung setzt Autopilot außer Kraft
Frühstück zubereiten	Kaffeemaschine, Kaffeemaschine bedienen, Filter vorhanden, Eierkocher, Strom, Teller und Tassen, Besteck, Brot, Marmelade, Butter ...	Entferne Teller, Tassen, Besteck!
Auto fahren	Lenkrad, Straße, Windschutzscheiben, Kenntnis der Verkehrszeichen, Schalthebel, Pedale ...	Vertausche die Pedale
Hände waschen	Wasserhahn, Warm-Kalt-Mischung, Waschbecken, Seife, Handtuch, An-/Aus-Knopf am Wasserhahn	Tausche die Drehrichtung des An-/Aus-Knopfes am Wasserhahn
Telefonieren	Stimmübertragung in beide Richtungen, Hörer, Telefonleitung, Kosten, Wähltasten, Stimme, Worte, Gesprächtspartner hat Telefon mit Mikro + Hörer ...	Jedes Wort wird von der Telefongesellschaft einzeln abgerechnet
Jemanden begrüßen	Mindestens zwei Personen, Sehvermögen, Hörvermögen, Kenntnis der Rituale ...	Linke statt rechte Hand reichen

Im Autopilot kommunizieren

Auch für die Kommunikation mit anderen bilden wir mannigfaltige Muster und Regeln aus. Begrüßungsrituale zum Beispiel erleichtern uns die Kontaktaufnahme. In fein abgestimmten Nuancen von Gestik, Mimik, Abstand und verbalen Äußerungen sind die bewährten Erfahrungen unserer Kultur in einem Set von Regeln zusammengefasst, die uns allen erlauben, ohne nachzudenken, direkt miteinander in Kontakt zu treten. (Wie komplex dieses Muster zusammengesetzt ist, weiß jeder, der die Begrüßungsrituale anderer Völker versucht zu erlernen.)

Der Autopilot „Begrüßung" kommt ins Stocken, wenn Sie – oder Ihr Gegenüber – ein Element aus diesem Regelwerk absichtlich oder aus Versehen verändern. Es entsteht eine Irritation, Sie fangen an zu überlegen, was Sie als Nächstes tun sollen. Plötzlich wird Ihnen der Vorgang mit all seinen kleinen Teilaspekten bewusst. Je nachdem, wie geübt Sie darin sind, Ihre Muster jederzeit zu verlassen, wird es Ihnen gelingen, sich blitzschnell anzupassen – das fehlende Element zu ersetzen, sodass der Ablauf möglichst wenig gestört wird. Seien Sie darauf gefasst, dass manche Mitmenschen Regelverletzungen in der Kommunikation auch gezielt einsetzen, um Sie „aus der Fassung" zu bringen. Im Kapitel „Angriffe abwehren" lernen Sie, wie Sie damit umgehen können.

Gefangen im Kommunikationsdreieck

Ein weitverbreitetes Autopilot-Muster ist unter dem Namen „Täter-Opfer-Retter-Dreieck" bekannt. Es besagt, dass wir automatisch eine der drei Positionen Opfer, Täter oder Retter einnehmen, sobald wir im Autopilot-Modus miteinander kommunizieren.

Täter

Aus der Sicht des Täters sind alle unfähig, im Extrem sogar bewusst böswillig. Er aber ist aktiv, übernimmt Verantwortung, treibt andere an und bewegt etwas – und ist immer im Recht. Jemand, der sich zum Beispiel ausdauernd darüber beschwert, dass die Leute einfach nicht Auto fahren können und dass er nicht verstehen kann, wie man solchen Idioten den Führerschein geben kann, präsentiert sich als Täter.

Opfer

Aus der Perspektive des Opfers sind immer die anderen schuldig an allem Schlechten, was ihm widerfährt. Das Opfer kann nichts für seine Situation, es ist bemitleidenswert, ohnmächtig und übernimmt keine Verantwortung, weder für seinen Beitrag noch für das Ergebnis selbst. Wenn Sie in der Cafeteria hören, wie jemand laut erzählt, was ihm heute schon alles Schreckliches passiert ist und wie schlecht er dabei weggekommen ist, dann können Sie sich leicht ausmalen, dass Sie es hier mit jemandem zu tun haben, der gerade die Position des Opfers beansprucht.

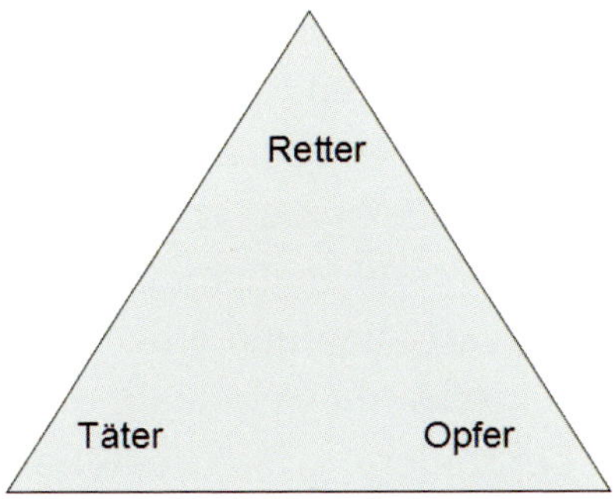

Retter

Wenn Sie dann noch hören, dass derjenige – als strikter Nichtraucher, der er ist – sich schon zum dritten Mal in Folge mit einer starken Raucherin verbandelt hat, können Sie vermuten, dass der Betreffende neben seinem Opfer-Zug, der auch hier durchkommt, starke Retter-Anteile spielen lässt. Der Retter vermittelt und rettet die Welt. Aus seiner Sicht sollte es keine Differenzen geben, und was auseinanderklafft, muss möglichst rasch zusammengefügt werden. Der Retter ist schnell mit guten (ungefragten) Ratschlägen zur Stelle, angefangen vom Pflaster über die wärmende Wollmütze bis zur Überarbeitung der Businesspläne.

Die meisten von uns springen munter zwischen den drei verschiedenen Positionen hin und her, haben aber dennoch gewisse Vorlieben für eine bestimmte Ecke dieses Dreiecks. Die beliebteste Position ist dabei die des Opfers!

Mit wirklicher Kommunikation hat das wenig zu tun, es sind eher Spiele, die hier gespielt werden. Diese Spiele sind so anziehend, dass es den meisten Menschen schwerfällt, sich ihnen dauerhaft zu entziehen.

Was macht das Täter-Opfer-Retter-Spiel so faszinierend?

Zum einen vermittelt es das Gefühl, dazuzugehören, und ermöglicht uns, auf einfache Weise auch etwas Zustimmung, Beteiligung, Interesse zu erheischen. Besonders die Opferrolle ist zu diesem Zweck beliebt, denn sie ermöglicht uns am ehesten, unser Bedürfnis nach sozialer Nähe zu befriedigen. Zum anderen folgen wir, indem wir unsere favorisierten Positionen einnehmen, unseren bewährten Mustern. Die Täter-, Opfer- oder Retterposition mag wohl nicht optimal für unser Fortkommen sein, aber immerhin kennen wir uns damit aus. Wir können einfach auf Autopilot schalten und erhalten mit ziemlich großer Wahrscheinlichkeit genau die Rückmeldung, die wir immer bekommen haben. Das ist beruhigend – und bestätigt uns in unseren

Glaubenssätzen. Damit Täter, Opfer und Retter wirksam die Bestätigungen bekommen, die sie unbewusst einfordern, zwingen sie jeweils andere in eine der anderen beiden Ecken des Dreiecks. Das Spiel funktioniert nur so. Damit das Opfer sich in der Opferposition ausleben kann, braucht es einen Gegenspieler. Ein Opfer braucht zum Beispiel immer einen Täter – möglichst weit weg, anonym und undifferenziert (die Gewerkschaften, die Politik, die Kapitalisten, das Finanzamt) –, sodass sich andere mit ihm solidarisieren können. Solidarisieren können wir uns, indem wir die angebotene Position des Retters auf dem Spielfeld annehmen – oder wir stellen uns gleich zu dem Opfer und „jammern" mit ihm. Wenn wir nicht sehr wach sind und nicht hinhören, gehen wir in den Autopilot-Modus über, nehmen dieselbe oder eine nützliche Position ein, erklären uns für solidarisch und spielen das Spiel mit.

Wie kann man sich dem Dreieck fernhalten?

Sich dauerhaft aus dem Täter-Retter-Opfer-Dreieck herauszuhalten, gelingt nur wenigen. Manchmal erkennen wir noch nicht einmal, dass wir gerade im Begriff sind, in das Dreieck einzutreten und in den Autopilot-Modus zu schalten. Wir können aber ein wachsendes Gespür dafür entwickeln, wann wir (und andere) uns in welchen Positionen befinden und welche Gegen- oder Solidarisierungsposition von uns erwartet wird. Je früher wir jeweils bemerken, dass wir in eine solche Dreiecksposition gedrängt werden, uns freiwillig von unserem Autopiloten auf das Spielfeld haben führen lassen oder gar bereits darin feststecken, desto leichter können wir uns entscheiden, das Spiel nicht weiter mitzuspielen, und aussteigen. Dass das Täter-Opfer-Retter-Spielfeld eröffnet wurde, erkennen Sie an typischen Formulierungen der Inhaber der drei Positionen. Um ein Gespür für diese Varianten der Positionen zu bekommen, formulieren Sie in der folgenden Aufgabe denselben Sachverhalt jeweils aus den drei möglichen Positionen. Hier und da werden Sie sich selbst begegnen – und vielleicht auch erkennen, welche Position Sie am häufigsten und liebsten im Autopilot-Modus einnehmen. Die Selbsterkenntnis ist der erste Schritt auf dem Weg zu Veränderung!

Aufgabe: Die Position wechseln

Nutzen Sie die Erkenntnisse dieser Übung, um seltener in das Spiel einzusteigen – und leichter auszusteigen. Schreiben Sie auf jeweils ein Blatt im Format DIN A4 in großen Buchstaben „Täter“, „Retter“, „Opfer“. Ordnen sie die drei Blätter in einem großzügigen Dreieck vor sich auf dem Fußboden an. Nehmen Sie den ersten der folgenden Beispielsätze und stellen Sie sich auf eines der drei Blätter auf dem Fußboden. Wie würden Sie das Ereignis aus der Sicht des Opfers schildern? Jetzt springen Sie wortwörtlich auf die nächste Position im Dreieck. Was würde ein Mitspieler auf dieser Position sagen? Anschließend begeben Sie sich auf die dritte Position und überlegen, wie dieser Beteiligte wohl das Ereignis schildern würde. Am Anfang wird Ihnen der Perspektivenwechsel wahrscheinlich noch ein wenig schwerfallen – immerhin haben wir alle bevorzugte Autopilot-Positionen. Die anderen nehmen wir seltener ein und entsprechend schwerer fällt es uns, deren Sichtweise zu einzunehmen. Nach drei bis vier Durchgängen aber werden Sie schnell Spaß an der Entlarvung bekommen und sich sehr kreativ „typische“ Sätze der drei Spieler ausdenken. Spielen Sie – dieses Mal ist es wirklich ein Spiel!

Ereignis: Die Katze ist seit drei Tagen verschwunden.

- Das Opfer sagt: Selbst die Katze will nicht mehr bei mir leben.
- Der Täter sagt: Das Vieh ist zu dämlich, den Weg nach Hause zu finden.
- Der Retter sagt: Sie weiß doch, wo sie hingehört, sicher macht sie nur mal einen Ausflug.

Weitere Ereignisse:

- Ihr Angebot wird von einem potenziellen Kunden abgelehnt.
- Ereignis: Ihnen nimmt jemand die Vorfahrt.
- Ereignis: Sie nehmen jemandem die Vorfahrt.
- Zu einem vereinbarten Termin kommen alle anderen zu spät.

Nehmen Sie kleine und große Ereignisse aus Ihrem Leben, um den Wechsel der Positionen zu üben. Springen Sie auf Ihren drei Blättern hin und her, antworten Sie dem Opfer, dem Täter, dem Retter aus jeweils einer anderen Position! Vielleicht gibt es eine gute Freundin oder einen Partner, der sich bereit erklärt, aus einer der zwei anderen Perspektiven Ihr Spiel mitzuspielen und Ihnen zu antworten?

Versuchen Sie in dieser Übung, einmal aktiv aus dem Dreieck auszusteigen und in einer neutralen Formulierung das eigentliche Ereignis beziehungsweise den Sachverhalt zu benennen. Für Ungeübte ist dieser Schritt eine echte Herausforderung! Probieren Sie es einmal aus! Sicher finden Sie Ereignisse und Sachverhalte auch in Ihrem Leben, die Sie bisher aus einer der Positionen des Täter-Opfer-Retter-Dreiecks geschildert haben. Können Sie sich an einzelne Situationen im familiären, beruflichen oder einem anderen Bereich erinnern, in denen Sie im Autopilot-Modus kommuniziert haben? Tragen Sie doch einmal zusammen:

- Was Sie zuletzt im Opfer-Modus sagten

- Was Sie zuletzt im Täter-Modus sagten

- Was Sie zuletzt im Retter-Modus sagten

- Und das ereignete sich wirklich

Unsere Rollen als Schutz

Zu unterschiedlichen Gelegenheiten spielen wir allerlei Rollen, die sich für uns bewährt haben. Ob es die Rolle der fürsorglichen Mutter, der aufopfernden Freundin, des selbstbewussten Firmeninhabers, des coolen Charmeurs, des witzigen Gesprächspartners, des gewissenhaften Teamplayers ist – jeder spielt eine Reihe dieser Rollen und bildet mit der Zeit immer bessere Fähigkeiten darin aus.

Das Spiel auf der Lebensbühne

Unsere Rollen verknüpfen wir mit unseren angenehmen Eigenschaften sowie nützlichen Fähigkeiten, die wir einsetzen, um bestimmte Ergebnisse zu erzielen. Wenn wir die Eigenschaften und Fähigkeiten tatsächlich haben, erleben wir und andere uns als authentisch in einer Rolle. Wir wissen allerdings auch – aus eigener Erfahrung beziehungsweise aus aufmerksamer Beobachtung anderer –, dass der Schein einer Rolle, die wir einnehmen, aber nicht wirklich ausfüllen können, sich meist nur sehr kurz wahren lässt.

Wirklich interessant wird es, wenn wir uns bewusst machen, dass jede Rolle nur dann funktionieren kann, wenn wir einen entsprechenden Widerpart haben. Um dies zu verstehen, brauchen wir uns nur ein Theaterstück vorzustellen: Wie erkennen wir, wer der Böse ist? Indem es einen Guten gibt, auf dem der Böse herumhackt! Wann kann der Böse uns von seiner Boshaftigkeit am besten überzeugen? Wenn der Gute sich vom Bösen boshaft behandeln lässt!

Wir werden später sehen, dass auch wir auf unserer Lebensbühne davon leben, dass es jeweils einen Gegenpart zu der Rolle gibt, die wir einnehmen. Doch zunächst werden wir – um das Wirken der Rollen zu verstehen, die wir einnehmen – einen Blick auf ihre Entstehung und ihre Funktion werfen.

Der Mensch als Schichtenwesen

Stellen Sie sich vor, dass wir bei unserer Geburt nicht nur ein gänzlich ungeschütztes, sondern auch ein vollständig natürliches Wesen sind. Man kann auch sagen, wir sind pure Essenz. Im Laufe unserer Entwicklung kommen wir mit Versagungen in Berührung, auf die wir zu reagieren lernen. Wir bauen Abwehrmechanismen auf, die wir uns wie um die Essenz herumgelegte Schichten vorstellen. Die erste innerste Schicht ist die der Wehgefühle. Hier liegen Gefühle von Unverstanden-Sein, Ausgeliefert-Sein, Abgetrennt-Sein. Diese erste Schicht bauen wir im Säuglingsalter auf.

Nach ein paar Jahren, im Laufe des Heranwachsens, kommt eine nächste Schicht hinzu. Diese hat die Aufgabe, die Schicht der Wehgefühle zu schützen, und besteht aus harten Gefühlen, die der Abwehr dienen. Hier finden sich Aggression, Überheblichkeit, Misstrauen, Rache und Vergeltung.

Da diese Abwehrschicht sozial nicht akzeptabel ist, fügen wir weitere Schichten hinzu: Dies sind die Persona, die Rollen, die zu spielen alle Menschen gelernt haben. (In der Antike hielten sich Schauspieler Masken vor die Gesichter, um ihre jeweilige Rolle zu verdeutlichen; Maske = Persona, von personare, lateinisch für hindurchtönen.) Im inneren Bereich der Schicht der Persona finden sich die Rollen, die im Umgang mit anderen Menschen eher Nachteile bringen.

Außen, also an der Oberfläche, sind hingegen die Persona zu finden, die der Umwelt gern präsentiert werden, die uns im sozialen Umgang Vorteile und Anerkennung bringen. Diese Persona sind sozusagen der bunt angestrichene Zaun um das Grundstück der eigenen Persönlichkeit, der zeigen soll, wie es im Grundstück aussieht, ohne dem Betrachter einen wirklichen Blick ins Innere zu erlauben. Diese äußeren, positiven Persona zeigen wir gern. Dazu gehören Rollen wie Feuerwehrmann, Überkompetenter, Alleskönner, starker Arm, Helfer in der Not, Troubleshooter, Professor und viele mehr.

Wird diese äußerste Schicht nun unwirksam, beispielsweise weil wir mit ihr nicht mehr „weiterkommen", so geraten wir unter Stress. Jetzt kommt die nächste Schicht, die der negativen Persona, zum Vorschein. In dieser Schicht sind beispielsweise Ungeduld, Unhöflichkeit oder Hilflosigkeit vertreten und könnten in Analogie zu ihren positiven Kollegen Namen wie „Keine Zeit", „Bulldozer" oder „Verstehnix" tragen.

In Stresssituationen entstehen Risse in der obersten (oder auch äußersten) Schicht. Die jeweils tiefer liegende Schicht wird aktiviert und kommt zum Vorschein. Das ist ein Vorgang, den wir als schmerzhaft und daher nicht gern erleben. Die Folge ist:

Wir wehren uns mit allen unseren unbewussten Kräften gegen die empfundene Demaskierung. Je unbewusster und unerfahrener wir in diese Situationen hineinstolpern, desto eher verstricken wir uns in hilflosem Strampeln, bewirken weitere Demaskierungen und verstricken uns immer weiter in Kämpfe um unseren Selbstwert.

Im Schutz der Rolle

In frühester Kindheit beginnen wir, Rollen einzustudieren, die unser Überleben sichern. Oft besetzen wir dabei als Kinder mit mehreren Geschwistern Rollen, die bisher in der Familie noch unbesetzt sind. Dies sichert uns eine gewisse Exklusivität und erspart uns den Wettbewerb. Wir erproben verschiedene Rollen, verwerfen diejenigen, mit denen wir unsere Ziele nicht erreichen, und behalten und verfeinern im Laufe der Jahre andere. Diese Rollen, die wir oft selbst gar nicht als solche wahrnehmen, haben die Funktion einer Panzerung. Unser natürlicher Kern, unsere Essenz, wird durch Rollen gegen die Umwelt geschützt. Die Aufrechterhaltung der Rollen mit all ihren Attributen ist einer unserer stärksten Antreiber. Hier finden sich die Motive hinter unseren Verhaltensweisen.

Die Rollen, die auch Persona genannt werden, können vielfältige Formen annehmen. Einige sind beispielsweise:

- Klassenclown
- Professor
- Prinzessin auf der Erbse
- Cooler Cowboy
- Dramakönig
- Aufpasser
- Märtyrer
- Vorwitz
- Rebell
- Perfektionist
- Buchhalter
- Bulldozer
- Mr. Superkompetent
- Dummkopf
- Einsamer Wolf
- Aufmunterer

Aufgabe: Rollenerforschung

Überlegen Sie einmal, welche Rollen Sie in Ihren verschiedenen Lebensbereichen einnehmen. Können Sie auch sagen, welche dieser Rollen Ihnen eher schaden (S) und welche Ihnen eher nutzen (N) – und inwiefern?

Welche Rolle spiele ich?	**S/N**	**Inwiefern?**
Der arme Tropf	S	Wenige wollen gern mit mir zusammen sein
	N	Ich werde nie angebettelt
…		
…		
…		

Manchmal wundern wir uns, warum wir bestimmte Menschen anziehen und andere partout nichts mit uns zu tun haben möchten, obwohl wir deren Gesellschaft vielleicht interessant fänden und uns einen Zugang zu ihnen wünschen. Ein Blick auf unsere Lieblingsrollen und auf die Gegenparts, die es braucht, damit wir in diesen Rollen glänzen können, kann interessante Einsichten bieten. Versuchen Sie ehrlich zu beantworten, welche Ihrer Rollen Sie am liebsten spielen – erfinden Sie wohlklingende Fantasienamen für diese Rollen und überlegen Sie, wen Sie unbedingt brauchen, damit Sie glänzen können.

Wenn Sie Ihre Sammlung vervollständigt haben, wechseln Sie die Perspektive: Erkennen Sie, welch wichtige Aufgabe auch Sie im Rollenspiel Ihrer Gegenparts übernehmen. Sie suchen Ihre Nähe, weil sie mit Ihrer Hilfe ihre Rolle besonders gut ausfüllen können. Hier liegt auch der Schlüssel, warum Sie manchen Menschen leicht näherkommen und anderen partout nicht!

Fremdbild und Selbstbild

Mit Selbstbild meinen wir das Bild, das wir uns von uns selbst machen: wer wir sind, wie wir sind, was wir können, wie wir uns verhalten, wie wir auf andere wirken. Das Fremdbild hingegen meint das Bild, das andere sich von uns machen: wer wir sind, wie wir sind, was wir können, wie wir uns verhalten. Ein Fremdbild erzeugen wir durch die Botschaften, die wir mithilfe von Worten, aber auch durch unser Outfit und unsere Körpersprache kontinuierlich aussenden. Durch ein Feedback erhalten wir die Chance, zu erfahren, wie wir mit unserem Verhalten, unseren verbalen und nonverbalen Botschaften tatsächlich auf andere wirken und was für ein Bild sie sich von uns gemacht haben.

In einem Seminar berichtete Frau S. von einem Erlebnis, das ihr den Unterschied zwischen Fremdbild und Selbstbild mit 20 Jahren Verspätung vor Augen führte.

In ihrer Schulzeit empfand sie sich, so begann Frau S., als unattraktives Entlein ihres Jahrgangs. Die Mitschüler, die sie interessant fand, sprachen wohl mal ein Wort mit ihr, aber näher kam sie keinem. Auch die Mädchen in ihrem Jahrgang hielten sich seltsam fern. In den Pausen zwischen den Unterrichtsstunden sammelten sich damals alle Schüler in zwei unterschiedlichen Bereichen des Pausenareals: In dem einen Areal fand man „die Alternativen“, damals mit Entenschuhen, Latzhosen, Pfeife und gewagten politischen Theorien. Im anderen Bereich hielten sich die „Mode-Popper“ und „Kurzhaarigen“ auf. Hier trat der erste Trenchcoat auf, die ersten Pumps, aber auch die Kandidaten mit den immer guten Zensuren, die Unpolitischen und die mit dem gediegenen Outfit.

Frau S., so erinnerte sie sich, verbrachte manche Pausen in dem einen Bereich, manche in dem anderen, beteiligte sich hier an einer Diskussion oder tauschte

Infos mit anderen, begrüßte da den einen oder hier die anderen, aber keiner schien sie zu vermissen, wenn sie einmal nicht auftauchte. Sie führte es damals darauf zurück, dass sie eben für niemanden interessant genug schien, nicht gut genug aussehend, zu dumm, falsch gekleidet für intensivere Freundschaften. Nach der Schulzeit verlor sie alle aus den Augen – und die anderen sie auch.

Nach 20 Jahren trafen sich unlängst alle ehemaligen Schüler des Jahrgangs wieder. Sie fragte sich auf dem Weg zu dem Jahrgangstreffen, ob sich wohl irgendjemand an sie erinnern würde. Zu ihrem Erstaunen erinnerten sich nicht nur alle an sie, sondern kamen auch interessiert und respektvoll auf sie zu. Es entspannen sich allerlei interessante Gespräche. Das Erstaunlichste aber, so berichtete Frau S., war das direkte Feedback, das sie von zwei ehemaligen Klassenkameraden bekam:

Der eine bedauerte, dass er sich damals nicht getraut hätte, sie anzusprechen. Er wäre so gern mit ihr ausgegangen, aber das wären wohl einige andere auch gern. Das sei ihr gar nicht aufgefallen, antwortete Frau S., wieso hätte er oder irgendeiner sich wohl nicht trauen sollen? Und er antwortete, sie sei schon damals eben anders gewesen. Wie denn das?, fragte Frau S. nach. Er erinnere sich gut, sie habe sich zum Beispiel eigenwillig gekleidet, nicht so im Einheitsbrei wie alle anderen Mädchen, und sie habe manchmal ihre langen Haare so witzig hochgesteckt, aber manchmal auch wild offen getragen. Er habe immer geglaubt, es interessiere sie nicht, was die anderen über sie dächten, und das habe ihm unglaublich imponiert, so sehr, dass er sich eben nicht getraut habe, sie anzusprechen und sich mit ihr zu verabreden.

Der zweite ehemalige Klassenkamerad äußerte Ähnliches. Vor allem dass sie mal hier, mal da gewesen sei, mal im einen Pausenareal mit den Alternativen, mal im anderen mit den Poppern, und offensichtlich so leicht hin und her wandelte, hätte es ihm schwer gemacht, sie näher kennenzulernen. Schade, dass er damals nicht mehr Mut gehabt habe, bedauerte er – genauso wie Frau S.

Das Johari-Fenster

In dem sogenannten Johari-Fenster werden das Selbst- und das Fremdbild mit verschiedenen Ebenen der Selbstwahrnehmung und der Wahrnehmung verdeutlicht. Zwei amerikanische Soziologen, Joseph Luft und Harry Ingham, haben in diesem Zusammenhang den Wert von Offenheit und Bewusstheit erforscht und eine Beziehung zwischen Offenheit/Feedback und dem freien Handeln festgestellt. Die folgende Grafik veranschaulicht die Zusammenhänge.

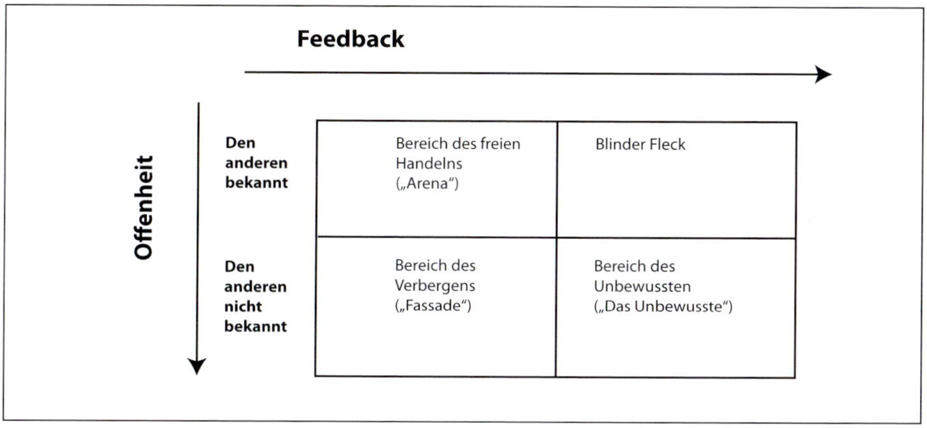

Arena

Mit Arena wird der Bereich des freien Handelns in sozialen Beziehungen bezeichnet. Die Arena umfasst alles, was wir unseren Mitmenschen bewusst von uns preisgeben. Mit diesem gemeinsamen Wissen können wir tragfähige Beziehungen aufbauen.

Fassade

Die Fassade repräsentiert Teile unseres Selbstbildes und damit verbundene Verhaltensweisen, die uns bewusst sind, die wir aber vor anderen verbergen: unsere heimlichen Wünsche, unsere Schwachstellen und das vermeintliche Negative.

Das Unbewusste

Im Bereich „Das Unbewusste“ liegen die unausgeschöpften Potenziale, die weder uns noch anderen bekannt sind. Dieses sind beispielsweise verborgene Talente oder ungenützte Begabungen, die wir haben, aber nicht einsetzen.

Blinder Fleck

Im blinden Fleck sind Verhaltensweisen versammelt, die andere an uns wahrnehmen, wir selbst jedoch nicht. Zu diesem Bereich ist Feedback besonders interessant. Es kann zu einer positiven Veränderung der Beziehungen zu anderen Menschen führen, da es uns helfen kann, unsere Wirkung mit unserem Selbstbild in Einklang zu bringen. Wie viel jeder von sich preisgeben mag, ist individuell unterschiedlich. Hier liegt jedoch eine große Chance: Je mehr wir über uns mitteilen und über Rückmeldungen über uns erfahren, desto größer wird der Bereich des freien Handelns, der Bereich, wo Vertrauen aufgebaut wird, während die Bereiche des blinden Flecks und der Fassade kleiner werden.

Konstruktive Rückmeldungen

Die Rückmeldung – das Feedback – ist eines der wichtigsten Instrumente zur persönlichen Orientierung und Weiterentwicklung. Richtig angewandt wirkt sie in zweierlei Hinsicht: Durch Rückmeldungen erhalten Sie eine Chance, zu erkennen, wie Ihr Verhalten von anderen wahrgenommen wird und auf diese wirkt. Damit werden Möglichkeiten eröffnet, problematische und ineffiziente Verhaltensweisen bei Bedarf zu korrigieren. Beispiel: Bei unseren Treffen sehe ich, dass Sie sich bei den Äußerungen anderer zurücklehnen und lächeln. Ich habe den Eindruck, dass Sie die Beiträge der anderen Gäste nicht ernst nehmen.

Darüber hinaus klären Rückmeldungen Beziehungen zwischen Personen und helfen ihnen, sich besser zu verstehen. Beispiel: „Gut zu wissen, dass du momentan allein für deine Kinder zuständig bist und deshalb abends so pünktlich gehen musst. Ich hatte schon befürchtet, dass irgendetwas zwischen uns vorgefallen sein könnte."

Feedback ist dann konstruktiv, wenn es respektvoll und sachlich geäußert wird, konkrete Verbesserungshinweise an die Beteiligten enthält und ihnen damit zusätzliche Verhaltensmöglichkeiten aufzeigt.

Feedback soll die Zuversicht hinterlassen, dass die anstehenden Änderungen zu realisieren sind und dass die volle Unterstützung durch die Feedback gebende Person dahintersteht.

Feedback ist immer ein Geschenk. Und wie bei allen Geschenken entscheidet der Empfänger, ob er es annimmt. Eine konstruktive Rückmeldung ist das Wertvollste, was wir uns gegenseitig geben können.

Test: Wie sehe ich mich?

Für diesen Test entscheiden Sie bei jedem Aspekt, inwieweit er zutrifft. Dabei wird nicht nach Ursachen gefragt, sondern nur nach dem Ergebnis.
Rechtfertigen Sie sich also nicht, diskutieren Sie nicht mit sich selbst, sondern versuchen Sie einfach, sich so objektiv wie möglich zu betrachten.

Fragebogen: Selbstbild	Nicht/kaum	Weniger/ manchmal	Mehr/oft	Sehr ausgeprägt
Höre gut zu				
Bin einfühlend				
Gebe anderen Feedback, um das gegenseitige Vertrauen zu verbessern				

Wenig interpretierend, sondern eher nachfragend				
Bin verschlossen in meiner Art				
Bin offen für Gespräche				
Bin klar in den Aussagen				
Halte mich lieber mit meiner Meinung zurück, sage eher weniger				
Bin kritikfähig mir selbst gegenüber				
Gebe konstruktive Kritik				
Bin kooperativ und hilfsbereit				
Bin lernfördernd				
Arbeite eher individualistisch bis „einzelkämpferisch"				
Schätze Bewährtes und Bekanntes, vermeide Risiko				
Bin streitbar				
Bin friedfertig, nachgebend				
Bin visionär				
Nutze meinen Handlunsspielraum				

Test: Wie sehen andere mich?

Um zu erfahren, was andere an Ihnen wahrnehmen und wie Ihr Verhalten auf andere wirkt, bitten Sie am besten zunächst einen guten Freund/eine Freundin um Hilfe bei der Einschätzung der nachfolgenden Aspekte.

Ihre Freunde kennen Sie gut und sind Ihnen offensichtlich wohlgesinnt, sodass Sie keine Angst vor einem Gesichtsverlust zu haben brauchen. Wirklich gute Freunde zeichnen sich zudem dadurch aus, dass sie bereit sind, Ihnen auch für Sie unangenehme Eindrücke mitzuteilen.

Fragebogen: Fremdbild	**Nicht/kaum**	**Weniger/ manchmal**	**Mehr/oft**	**Sehr ausgeprägt**
Hört gut zu				
Wirkt einfühlend				
Gibt anderen Feedback, um das gegenseitige Vertrauen zu verbessern				
Wenig interpretierend, sondern eher nachfragend				
Wirkt verschlossen in seiner/ihrer Art				
Wirkt offen für Gespräche				
Wirkt klar in den Aussagen				
Hält sich lieber mit seiner/ihrer Meinung zurück, sagt eher weniger				
Wirkt kritikfähig sich selbst gegenüber				
Gibt konstruktive Kritik				
Wirkt kooperativ und hilfsbereit				
Wirkt lernfördernd				
Arbeitet eher individualistisch bis „einzelkämpferisch"				
Schätzt Bewährtes und Bekanntes, vermeidet Risiko				
Wirkt streitbar				
Wirkt friedfertig, nachgebend				
Wirkt visionär				
Nutzt seinen Handlungsspielraum				

In einem nächsten Schritt können Sie die Testfragen jemandem stellen, der Sie (noch) nicht so gut kennt und weniger Hintergrundinformationen über Sie hat. Ein Feedback im Kollegenkreis ist allerdings mit Vorsicht einzuholen – und zu interpretieren: Manchmal haben Kollegen vor allem ihre eigenen Interessen im Blick und geben Ihnen kein aufrichtiges Feedback.

Falls Ihnen Ihr Feedbackpartner über die abgefragten Aspekte hinaus Rückmeldungen zu weiteren Ihrer Verhaltensweisen gibt, ergänzen Sie diese in der Tabelle. Denken Sie daran, dass Sie mit den Fremdbild-Fragen erfahren wollen, wie Ihr Verhalten wirkt. Ermutigen Sie Ihr Gegenüber zur freimütigen Beantwortung der Fragen. Bei Bedarf stellen Sie Verständnisfragen oder bitten um Beispiele, aber verschrecken Sie ihn oder sie auf keinen Fall mit Diskussionen, Rechtfertigungen oder Begründungen für Ihre Verhaltensweisen!

Am Ende des Feedback-Interviews bedanken Sie sich! In der anschließenden Reflexionsphase sollten Sie sich diese Fragen stellen:

Bei welchen Aspekten stimmen meine eigene Einschätzung zu meinem Verhalten und die Einschätzung anderer überein? Gehen Sie Aspekt für Aspekt in Ihrer Liste durch und halten Sie Übereinstimmungen oder Abweichungen fest. Vielleicht wird die eine oder andere Abweichung überraschend groß für Sie sein und vielleicht ist die Übereinstimmung bei manchen Aspekten viel größer, als Sie vermuteten. Prüfen Sie, wo Sie aus den Rückmeldungen Hinweise auf Änderungsbedarf gewinnen, und überlegen Sie, was Sie tun können, um Ihr Fremdbild in bessere Übereinstimmung mit Ihrem Selbstbild zu bringen.

Der persönliche Talentbereich

Unser Wirken lässt sich in drei Bereiche unterteilen: Der Bereich der persönlichen Inkompetenz zeichnet sich dadurch aus, dass wir uns hier noch so sehr anstrengen, noch so viel lernen und üben können, aber immer relativ schlechte Ergebnisse erzielen werden. Im Bereich der Erfahrung und Kompetenz können wir es durch Lernen, Übung und Erfahrung zu ganz beachtlichen Leistungen bringen. Wir werden aber immer Menschen finden, die bei vergleichbarem Einsatz ähnlich gute Ergebnisse erzielen. Wirken wir hingegen im Bereich unserer persönlichen Talente und Begabungen, so erbringen wir fast mühelos Spitzenergebnisse, ohne recht sagen zu können, wie uns das gelungen ist.

Woran erkennt man seinen persönlichen Talentbereich?

Vor einigen Jahren gab der bekannte Drehbuchautor F. H. ein zweitägiges Seminar für angehende Drehbuchautoren. Zu Beginn stellten sich die Teilnehmer vor und legten ihre Motivation dar, eine Fortbildung zum Schreiben von Drehbüchern zu besuchen. Im Laufe des ersten Vormittags plauderte der Seminarleiter aus dem Nähkästchen der Drehbuchschreiber, unter anderem über die Eigenarten und Spielregeln der Filmbranche, welchen Weg ein Drehbuch bis zum Film im Kino geht, und über verschiedenste Finanzierungsmodelle. Er kannte sich offensichtlich gut aus und hatte umfangreiche Erfahrungen gesammelt, die er bereitwillig teilte.

Am Nachmittag des ersten Seminartags wurden einige Teilnehmer jedoch ungeduldig. Schließlich fragte eine Nachwuchsautorin nachdrücklich: „Herr H., das sind ja alles sehr interessante Hintergrundinformationen, aber wie, bitte schön, schreibt man denn nun ein Drehbuch?" Der erfolgreiche Drehbuchautor dachte einen langen Augenblick nach, um schließlich denkbar knapp zu antworten: „ Naja, man nimmt ein Stück Papier und einen Stift und schreibt!" Sie können sich denken, dass diese Auskunft für die Seminarteilnehmer nicht sehr hilfreich war. Einige unterstellten dem Experten Arroganz, andere sogar Unwilligkeit, seine Geheimnisse den potenziellen Wettbewerbern zu verraten. Doch der Hintergrund war ein gänzlich anderer:

F. H. weiß nicht, wie er seine hervorragenden Drehbücher zustande bringt! Sie fließen ihm „einfach so" aus der Feder! Die Dialoge sind für ihn einfach da, scheinbar aus dem Nichts, sie sind perfekt im Ablauf, haben Witz und Spannung, verknüpfen stimmig Handlung und Akteure in seiner Vorstellung. All das passiert unbewusst. Die Frage, wie er das macht, ist für ihn nicht beantwortbar, sie überfordert ihn komplett! Mit einiger Anstrengung könnte er vielleicht noch beschreiben, wie man ein Drehbuch formal aufbaut, welches die elementaren Bausteine sind und wie sie laut Lehrbuch angeordnet sein sollten – aber seien Sie versichert: Beim Schreiben seiner Drehbücher denkt er nicht eine Sekunde über diese Dinge nach, seine Drehbücher „entstehen einfach so"! Wie kommt das?

Der Drehbuchautor F. H. bewegt sich beim Schreiben in seinem persönlichen Talentbereich. Es ist sein Talent, hervorragende Drehbücher zu schreiben. Dass er nicht genau sagen kann, wie er das eigentlich macht, ist ein deutliches Anzeichen für sein Talent. Jeder Mensch hat einen Talentbereich, in dem er Dinge vollbringt oder erschafft, und zwar ungewöhnlich leicht und anscheinend mühelos. Wenn Sie in Ihrem persönlichen Talentbereich agieren, fällt es auch Ihnen äußerst schwer, zu beschreiben, wie Sie zu Ihren Ergebnissen kommen. Sie können – mit einigem Nachdenken – Arbeitsschritte für uns konstruieren und die sachgerechte Handhabung der verwendeten Werkzeuge und Techniken nacheinander beschreiben. Dennoch: Würde ein anderer nach Ihrer Anleitung ganz genauso wie Sie vorgehen, wären seine Ergebnisse um Längen schlechter als Ihre. Es steckt eben mehr dahinter: das Talent.

Dass Sie sich in Ihrem persönlichen Talentbereich bewegen, erkennen Sie an folgenden Merkmalen:

- *Da man die besondere Leistung in diesem Bereich so mühelos vollbringt, schätzt man ihren Wert gering. Es fällt einem schwer, einen angemessenen Preis zu nennen.*
- *Wenn man zu dem Ergebnis befragt wird, wie man „das" denn macht, weiß man im Grunde keine Antwort.*
- *Komplimente zu Leistungen in diesem Bereich bereiten einem Unbehagen, da man selbst davon überzeugt ist, doch etwas ganz Selbstverständliches, Normales zu tun (wie atmen), und dafür keine besondere Anerkennung verdient.*
- *Leistungen in diesem Bereich werden fast wie am Fließband in hoher Qualität produziert, ob beabsichtigt oder nicht. „Ich kann nicht anders ..." sagen diejenigen, die sich gerade in ihrem Talentbereich bewegen, von sich selbst.*
- *In seinem Talentbereich schafft man ausgesprochen gern, erbringt ohne tiefere Erschöpfung hervorragende Ergebnisse und empfindet die Arbeit nicht als mühsam.*
- *Das Wirken im Talentbereich ist ein persönliches Bedürfnis und geschieht unabhängig davon, ob man dafür etwas bekommt oder nicht.*
- *Wenn man im Bereich seines Talents hart gearbeitet hat, fühlt man sich hinterher glücklich-erschöpft – im Gegensatz zum Gefühl des tatsächlichen Erschöpftseins nach einer Anstrengung im Bereich von Kompetenz und Erfahrung.*

Auf die eigenen Talente besinnen

Wissen Sie, wo genau Ihre Begabungen liegen? Worin sind Sie richtig gut? Was fällt Ihnen leichter als anderen? Wofür bewundern Sie andere Menschen? Was können Sie, ohne zu wissen, wie und warum?

Denken Sie über diese Fragen einmal in Ruhe und mutig nach. Halten Sie Ihre Gedanken und Antworten schriftlich in einer Brainstorming-Sammlung fest und ergänzen Sie diese im Laufe einiger Tage. Bilden Sie ganze Sätze, beginnend mit: „Ich bin begabt in …"

Wenn Ihnen dies anmaßend erscheint und schwerfällt, überhaupt zu denken, legen Sie einen Zwischenschritt ein. Beginnen Sie Ihre Talent-Sätze zunächst mit: „Es fällt mir besonders leicht, …" Anschließend sortieren Sie Ihre Fundstücke in Blöcke, die für Sie inhaltlich zusammenpassen, und fassen jeden Talentbereich in einem neuen kompakten Talent-Satz zusammen.

Sprechen Sie sich nun diesen Satz laut vor, am besten zehn Mal hintereinander vor dem Spiegel! Wie fühlen Sie sich dabei? Kringeln Sie sich oder ziehen Sie Ihren Kopf ein? Dann stimmt etwas noch nicht ganz! Wir spüren sehr genau, wann eine Aussage stimmig ist und wann wir uns selbst belügen! Feilen Sie an Ihren Talent-Sätzen und machen Sie die Sprechprobe, bis Sie sich rundherum wohl damit fühlen und eine stolze und aufrechte Haltung vor dem Spiegel einnehmen können. Nun sollten Sie Ihren Talent-Satz auf Zettel schreiben und in Ihrer Wohnung verteilen. Lesen Sie ihn sich selbst in den

folgenden Wochen immer wieder und bei jeder Gelegenheit vor, bis Sie den Satz verinnerlicht haben und Ihr Selbst sich seines Inhalts im wahrsten Sinne des Wortes „bewusst“ wird.

Falls Sie auf halbem Weg stecken bleiben oder Ihnen keine besondere Begabung einfallen will, fragen Sie wohlwollende Freunde! Besonders wenn Sie bei der Beantwortung zu selbstkritisch mit sich umgehen, hilft eine objektive Sicht von außen! Aber Achtung: Fragen Sie nur wirklich gute Freunde, das heißt solche, die auch riskieren werden, sich bei Ihnen unbeliebt zu machen, indem sie Ihnen unbequeme Dinge sagen. Schmeichler helfen hier nicht weiter und führen Sie nur in die Irre.

Wenn Sie einen oder mehrere Talentbereiche gefunden haben, überlegen Sie Folgendes: Wo in Ihrem Leben könnten Sie Ihre Talente (mehr) einsetzen? In welchem Bereich könnten Sie vergleichsweise mühelos in kurzer Zeit hervorragende Ergebnisse erzielen, um Ihr Selbstvertrauen zu stärken? Wenn Sie Chancen sehen, Ihr neu entdecktes Talent zu verwirklichen und zu erproben, nutzen Sie diese! Sie wissen: Mit jedem Mal, das Sie sich trauen, wächst Ihr Selbstvertrauen! Versuchen Sie, von jetzt an Ihrem Talent möglichst viele Chancen zur Entfaltung zu geben! Die Erfolge werden Sie bestärken!

TIPP

Haben Sie schon einmal darüber nachgedacht, wie es sich auf Ihr Selbstwertgefühl – und Ihr Ansehen – auswirkt, wenn Sie vornehmlich im Bereich Ihrer Inkompetenz wirken und dort immer mehr miserable Ergebnisse erzielen? Können Sie Wege finden, Aufträge, Anfragen, Arbeiten, die in Ihrem Inkompetenz-Bereich angesiedelt sind, zu tauschen, abzugeben oder – am besten – komplett abzulehnen? Seien Sie kreativ! Halten Sie sich von Ihrem Inkompetenz-Bereich möglichst fern!

Bewusst kommunizieren

Botschaften – wir empfangen sie immer und überall, mit Worten, mit Gesten, mit Mimik. Wir kommunizieren in dieser Weise sogar, wenn wir nicht bewusst kommunizieren. „Man kann nicht nicht kommunizieren", hat der Verhaltensforscher Paul Watzlawick diese Tatsache einst zusammengefasst. Wenn wir nichts sagen, ist unser Schweigen eine Botschaft, und wenn wir etwas sagen, dann ist noch lange nicht garantiert, dass es am Ziel ankommt. Manchmal wird unsere Botschaft gehört, manchmal auch nicht; manchmal haben wir zumindest den Eindruck, man hat uns verstanden, manchmal erweist sich der Eindruck als Trugschluss.

Die Ebenen einer Botschaft

Dass mit dem gesprochenen Wort über die reine Sachinformation hinaus eine Vielzahl von weiteren Botschaften gesendet und empfangen wird, erkennen wir spätestens, wenn wir uns an Gespräche mit unseren Eltern erinnern. Bei der Frage „Wann kommt ihr uns denn mal wieder besuchen?" kommen wir mit der knappen Antwort „Nächstes Jahr" nicht davon. Wir können – im Gegensatz zu unserem (eingeheirateten) Partner – sehr wohl hören, dass wir hier nicht nur um eine sachliche Terminangabe gebeten wurden. Woran liegt das?

Jede Kommunikation zwischen Menschen findet gleichzeitig auf einer Sach- und einer Beziehungsebene statt. Auf der Sachebene werden Inhalte und Sachinformationen (WAS) ausgetauscht. Auf der Beziehungsebene werden unter anderem unser Selbstbild und das Verhältnis zueinander (WIE) kommuniziert.

Als Sender übermitteln Sie also mit jedem gesprochenen Satz – und auch mit jeder nonverbalen Geste – eine sachliche Information UND eine nichtsachliche Information. Die Sachebene wird dabei immer von der Beziehungsebene überlagert. Nehmen Sie die ankommenden Botschaften auf der Beziehungsebene als unangenehm, unangemessen oder gar bedrohlich wahr, können Sie die auf der Sachebene übermittelten Botschaften kaum noch richtig hören. Die Botschaften auf der Beziehungsebene schieben sich vor die Inhaltsbotschaft. Das WIE bestimmt immer das WAS. Oder anders ausgedrückt: Die Beziehung dominiert die Sache!

Dabei können die Beziehungsbotschaften bei gleichlautender Sachaussage deutlich variieren: Denken Sie allein an die vielfältigen Möglichkeiten, die durch die unterschiedliche Betonung einzelner Wörter entsteht. So können Sie eine kleine, scheinbar sachliche Aussage wie „Das rote Auto muss in die Werkstatt!" durch unterschiedliche Betonung der

Satzbestandteile mit unterschiedlichen Botschaften auf der Beziehungsebene ausstatten. Stellen Sie sich vor, sie sagt es zu ihm, er wiederum sagt es zum Freund, der sagt es dem Nachbarn. Was glauben Sie, was ankommt? Bei jeder Übermittlung geht ein Teil der Sachinformation verloren. Wer einmal „Stille Post" – selbst mit nur wenigen Teilnehmern – gespielt hat, weiß, dass Informationen selten vollständig empfangen und weitergegeben werden.

Die Beziehungsebene unter der Lupe

Schauen wir uns die Sach- und Beziehungsebene genauer an, so fällt auf, dass auf der Beziehungsebene drei verschiedene Teilbotschaften gesendet – und empfangen – werden. Jede Nachricht beinhaltet also bei näherer Betrachtung nicht nur zwei, sondern 1 + 3 = 4 Ebenen. Dabei werden in jedem (!) Kommunikationsprozess immer alle vier Ebenen berücksichtigt. Dies gilt für den Sender von Botschaften genauso wie für den Empfänger von Botschaften.

Wir senden unsere Botschaften also ständig auf vier Kanälen gleichzeitig – allerdings in individuell verschiedener Ausprägung. Gleichzeitig hören wir als Empfänger von Botschaften mit vier Ohren.

1. **Mit dem Sach-Ohr:** Worum geht es?

2. **Mit dem Appell-Ohr:** Was wünscht man sich von mir?

3. **Mit dem Beziehungs-Ohr:** Wie steht der andere zu mir?

4. **Mit dem Selbstoffenbarungs-Ohr:** Was sagt der andere über sich selbst?

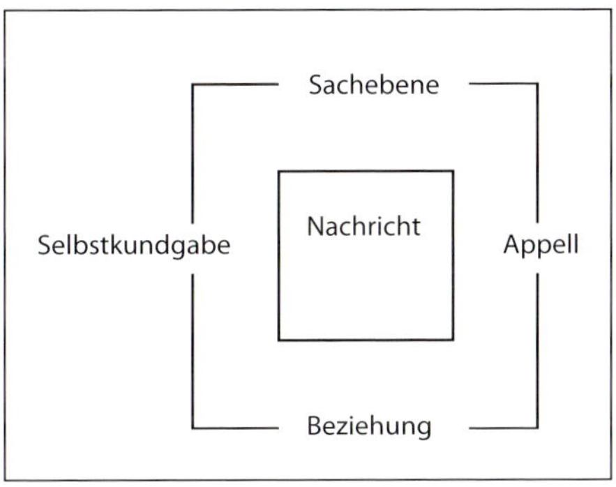

Jeder Mensch kennt diese vier Ebenen (ohne es explizit zu wissen) und hört alle Botschaften auf diesen Ebenen – ebenfalls in individuell unterschiedlicher Ausprägung. Manche Empfänger sind im Laufe der Jahre gänzlich taub auf dem einen oder anderen Ohr geworden und schaffen es nicht, ihre „anderen Ohren" zu trainieren. Manche entscheiden sich, zum Beispiel im Berufsumfeld, nur eine Ebene zu hören, und reagieren nur auf diese unter Missachtung aller anderen Botschaften.

Ein bekanntes Beispiel in dieser oder einer ähnlichen Variante kennen wir aus dem privaten Kontext. Sie sagt: „Ich weiß nicht, wie wir die explodierenden Benzinrechnungen noch bezahlen sollen!" Und er antwortet auf der Sachebene: „Wir nehmen das Geld vom Sparkonto", während er ihre alles andere überlagernde Botschaft auf der Beziehungsebene komplett überhört. Diese lautet: „Ich hab Angst!" und kann für sie zufriedenstellend nur auf derselben Ebene von ihm beantwortet werden, egal ob verbal oder nonverbal. Aufmerksame Hörer nehmen die versteckten Botschaften wahr und antworten jeweils auf derselben Ebene. Dabei kann die Technik des aktiven Zuhörens (siehe Seite 83ff.) helfen, die Botschaften genauer zu erfassen, bevor wir uns zu vorschnellen Reaktionen hinreißen lassen.

Aufgabe: Vier Botschaften hören

Bitte versuchen Sie anhand der folgenden zwei Beispiele einmal, mit Ihren vier Ohren zu hören. Vergleichen Sie anschließend Ihre Notizen mit den Antworten eines Seminarteilnehmers.

1. Die Frau sagt zu ihrem Mann: „Wir müssen mal wieder Rasen mähen."

Was hört Ihr Sach-Ohr?

1a) ______________________________

Was hört Ihr Appell-Ohr?

1b) ______________________________

Was hört Ihr Beziehungs-Ohr?

1c) ______________________________

Was hört Ihr Selbstoffenbarungs-Ohr?

1d) ______________________________

2. Der Beifahrer sagt zu Ihnen: „Die Ampel da vorne ist rot."

Was hört Ihr Sach-Ohr?

2a) ______________________________

Was hört Ihr Appell-Ohr?

2b) ______________________________

Was hört Ihr Beziehungs-Ohr?

2c) ______________________________

Was hört Ihr Selbstoffenbarungs-Ohr?

2d) ______________________________

Der Seminarteilnehmer hörte dies:

1a) Der Rasen ist lang.
1b) Sie sagt: Mäh den Rasen!
1c) Sie meint, das sei mein Job.
1d) Sie will nicht mähen.
2a) Ich fahre schnell.
2b) Er möchte, dass ich langsamer fahre.
2c) Er traut mir nicht.
2d) Er hat Angst.

Und handeln Sie entsprechend!

Wie würden Sie in den beiden Beispielen spontan reagieren? Würden Sie auf die Botschaften der Sachebene oder auf die der Beziehungsebene eingehen? Können Sie sich eine Reaktion vorstellen, die alle Ebenen angemessen berücksichtigt – und nicht zu einem Konflikt führt? Wie könnte der Wortwechsel im Folgenden verlaufen?

Wenn Sie sich vertrauter mit den vier Ebenen der Kommunikation machen möchten, finden Sie sicher interessante Beispiele in Ihrem Umfeld. Besonders fündig für einseitiges Hören und untersuchenswerte Fehlreaktionen als Folge werden Sie dort, wo „ein Wort das andere" zu geben schien oder wo jemand – vielleicht sogar Sie selbst – offensichtlich unsachlich reagiert hat. Aber auch in einem Café oder im Arbeitsumfeld werden Sie mannigfaltige Übungsbeispiele finden.

Nehmen Sie jeweils die erste Ausgangsbotschaft und fragen Sie sich, was genau auf den vier Ebenen gesendet – und „gehört" wurde. Anschließend erfinden Sie Reaktionsalternativen.

Klartext reden mit der Dreisatztechnik

Das uns eigene Kommunizieren auf vier Ebenen – viermal senden und viermal hören – führt leider auch zu unzähligen Fehlinterpretationen und Missverständnissen. Bei Hunderten von Botschaften, die Sie täglich versenden, Informationen, die Sie weitergeben, Anweisungen, die Sie erteilen, und mindestens genauso vielen Botschaften auf vier Ebenen, die Sie erreichen, bleibt weder Zeit noch Muße, jede einzelne bewusst verbal und nonverbal auszuformulieren. Sie werden immer wieder an Missverständnissen – im wahrsten Sinne des Wortes – beteiligt sein. Dennoch: Als Sender einer Nachricht sind Sie zuallererst verantwortlich für die richtige „Übermittlung". Dazu gibt es einen Ansatz, mit dem Sie aktiv dazu beitragen können, diese Verantwortung auszufüllen und mehr Klarheit in Ihre Kommunikation zu bringen: die Dreisatztechnik.

Die Dreisatztechnik hilft Ihnen, Ihre Anliegen in drei Sätzen klar und deutlich zu äußern. In den drei Sätzen machen Sie jeweils eine genaue Aussage über

1. Ihre Wahrnehmung,

2. die Wirkung, die das Wahrgenomme auf Sie hat, und

3. welche Änderung Sie sich wünschen.

In der Dreisatztechnik formuliert würde sich das Beispiel aus der Aufgabe folgendermaßen anhören:

1. Du fährst 80 km/h.

2. Das macht mir Angst.

3. Ich möchte, dass du langsamer fährst.

Dabei beachten Sie bitte, dass der erste Satz die Sachebene bedient. Hier wird zunächst eine Tatsache festgestellt, nicht eine Interpretation geliefert (zu schnell) und nicht die Rechtmäßigkeit angezweifelt (im Ort nur 50 km/h). Es geht um die Benennung von dem, was tatsächlich ist (wenn man davon ausgeht, dass der Tacho korrekt misst).

Im zweiten Satz beschreiben Sie Ihre Gefühle und Empfindungen. Was macht Ihre Wahrnehmung mit Ihnen? Was empfinden Sie? Verleihen Sie jetzt Ihrem Gefühl kurz und prägnant Ausdruck. Gefühle sind nicht diskutier- oder verhandelbar. „Du brauchst keine Angst zu haben“, ist Unsinn. Ein Gefühl – und schon gar nicht ein starkes Gefühl wie Angst – können Sie nicht an- oder abstellen. Gefühle gehorchen unserem Willen nicht.

Im dritten Satz formulieren Sie die gewünschte Veränderung. Was möchten Sie, dass passiert? Fassen Sie sich knapp und unterstreichen Sie mit nonverbalen Signalen wie zum Beispiel einer freundlichen, aber festen Stimme die Ernsthaftigkeit Ihres Anliegens.

Um seine Anliegen im Alltag jederzeit mit der Dreisatztechnik formulieren zu können, braucht es ein wenig Übung. Am Anfang werden Sie wahrscheinlich noch etwas überlegen müssen, wie Sie ein spontanes „Schatz, der Rasen ist lang“ in eine klare Dreisatzbotschaft fassen. Mit der Zeit wird Ihnen die Technik selbstverständlich – und Sie werden merken, wie ernst man Sie und Ihre Anliegen nimmt.

Die Kommunikation der Persönlichkeiten K, P und E

Der Entwickler des als Transaktionsanalyse bekannt gewordenen Modells menschlicher Verhaltens- und Kommunikationsweisen, Dr. Eric Berne, machte folgende Beobachtung: Ein und derselbe Mensch verhält sich in verschiedenen Umgebungen völlig unterschiedlich. Tritt er im Beruf als eine sich durchsetzende, ihre Umgebung beherrschende Führungskraft auf, so sieht man ihn möglicherweise nur wenige Stunden später im Umgang mit seinen Kindern als zugänglichen, liebevollen Vater, wenig später als Kumpel seiner Freunde in der Kneipe und eventuell des Nachts auch als selbstvergessenes „Kind" im Liebesspiel.

Für das Verständnis unserer Kommunikation sind deshalb die Erkenntnisse des Modells der Transaktionsanalyse interessant. Berne stellte fest, dass im Menschen drei Persönlichkeitsteile zusammenwirken, die jeweils wechselnd aktiv sind. Je nachdem, welcher Teil gerade dominiert, sind von außen bei genauem Hinsehen und Hinhören unterschiedliche Verhaltensweisen und Antworten auf die Impulse der Umwelt erkennbar. Die drei Teile der Persönlichkeit werden bezeichnet als:

- der des Kindes, kurz „K"
- der des Elternteils, kurz „P" (parent, englisch für Elternteil)
- der des Erwachsenen, kurz „E"

Jeder dieser drei Teile hat eine eigene Entwicklungsgeschichte und äußert sich in bestimmten Verhaltensweisen und Kommunikationsformen. Er wird jeweils durch prägnante Merkmale charakterisiert, durch bestimmte Auslöser hervorgerufen, reagiert innerhalb der ihm eigenen Möglichkeiten und versucht mehr oder weniger bewusst, bestimmte Gegenreaktionen auszulösen. Erfahren Sie zunächst mehr über die jeweilige Entwicklungsgeschichte und die Charakteristika der drei (Bestand-) Teile der Persönlichkeit nach dem Transaktionsmodell, um diese besser zu verstehen.

Der Persönlichkeitsteil K (Kind)

Der Persönlichkeitsteil K (Kind) ist der älteste. Er ist der vertrauteste Zustand unseres Selbstgefühls. Hier sind alle kindlichen – nicht kindischen! – Gefühle, unsere Spontaneität, unsere natürliche Freude und Neugier, die Kreativität, das Staunen und Spielen, aber auch Neid und Missgunst und unsere tiefsten Ängste angesiedelt. Das K äußert sich, wie Vera F. Birkenbihl ausführt, beispielsweise folgendermaßen:

- Ich bin O.K. – nicht K.O.
- Das gefällt mir! – Das gefällt mir nicht!
- Ich will das!
- Ich will das ausprobieren! (Neugierde)
- Gib mir das! Das ist meines!
- Lass mich! Du tust mir weh!
- Das ist aber schön! Welch aufregende Farbe!
- Jetzt rede ich überhaupt nicht mehr mit dir!
- Schau mal, was ich kann …!
- Ich kann das viel besser! Ich habe ein viel schöneres! (Angabe)
- Was du alles kannst! (Bewunderung)
- Immer bin ich schuld!
- Lass mich doch!
- Ich kann ja gar nichts! Ich bin ja unmöglich!
- Du bist blöd!
- Wollen wir spielen?

Vor allem aber wohnt im K unser Selbstwertgefühl. Es ist das K in uns, das sich okay fühlt oder auch nicht, das ständig anhand der Rückmeldungen aus seiner Umwelt seinen Wert einschätzt und bemisst. Es ist auch das K, das geradezu mimosenhaft auf jede Verletzung des Selbstwertgefühls reagiert, mit Abwehr, Rückzug oder Angriff – je nachdem. Sein Selbstwertgefühl zu erhalten und zu schützen ist, wie eingangs schon beschrieben, das wichtigste Anliegen des Menschen. Für das K in uns gibt es prinzipiell nur zwei Ziele: die physiologischen, also körperlichen Grundbedürfnisse von Nahrungsbeschaffung und -aufnahme, Schlafen, Sicherheit und Geborgenheit zu befriedigen (nach Birkenbihl) und das Selbstwertgefühl zu sichern. Für Letzteres braucht es vor allem Streicheleinheiten. Diese Streicheleinheiten – gemeint sind körperliche wie seelische – bekommt das Kind in seiner Entwicklung zuerst von den Eltern, später eventuell von weiteren erwachsenen Bezugspersonen.

Im Heranwachsen werden ihm nun aber nicht nur diese Streicheleinheiten zur Stärkung seines Selbstwertgefühles zuteil, sondern auch Instruktionen, Appelle an sein Gewissen, Beeinflussungen seines Verhaltens, seines Agierens im sozialen Raum, kurzum ein ganzes Set von Spielregeln. Es lernt dabei sehr wohl zu unterscheiden zwischen den kritischen Eltern und den liebevollen Eltern, nimmt aber beides gleichermaßen als Vorbild.

Die Persönlichkeit des erwachsenen Kindes spiegelt die Einstellungen, Spielregeln, (Vor-)Urteile und Verhaltensweisen der Elternteile und anderer Bezugspersonen wider, die ihm in seiner Kindheit vermittelt wurden. Durch Verinnerlichung des Gelernten wurde die Persönlichkeit des jetzt Erwachsenen über Jahre geprägt. Die Prägung geht so weit, dass der Erwachsene die Verhaltensweisen und Einstellungen der Eltern oft selbst unreflektiert wiederholt und den Mustern entsprechend bei passenden oder unpassenden Gelegenheiten handelt und kommuniziert.
Dass diese Anteile auch in Ihrem Selbst „herumspuken" – oft mehr, als Ihnen lieb ist –, merken Sie unter anderem daran, dass Ihnen in bestimmten Situationen

unzählige Verhaltensanweisungen und moralische Appelle aus Ihrer Kindheit in den Sinn kommen:

- Reiß dich zusammen!
- Erst die Arbeit, dann das Vergnügen!
- Ein Indianer kennt keinen Schmerz!
- Spinnen sind eklig!
- Das macht man nicht!
- Kinder reden nicht bei Tisch!
- Das gehört sich nicht!
- Mach das doch soundso!
- Komm doch zur Vernunft!
- Lass das!
- Kannst du nicht einmal ...?
- Ich an deiner Stelle würde ...!
- Alle von der Sorte verhalten sich immer soundso (als Vorurteil)!

Auch fürsorgliche Äußerungen sind sicher darunter wie beispielsweise:

- Soll Mama dir helfen?
- Das hast du aber fein gemacht!
- Ist doch nicht so schlimm! Komm, ich puste!
- Papa macht das für dich!

Der Persönlichkeitsteil P (Parent/Eltern)

Im Modell der Transaktionsanalyse wird dieser elterlich geprägte Teil unserer Persönlichkeit mit P bezeichnet. Birkenbihl charakterisiert sowohl die liebevollen als auch die kritischen Seiten des P sehr einprägsam durch folgende Aspekte: Ge- und Verbote, die sogenannte Moral und das sogenannte Gewissen. Aber auch: Vorurteile, alle starren inneren Einstellungen und geistigen Haltungen sowie von den Eltern übernommene Verhaltensweisen und Gewohnheiten. [...] Im P steckt außerdem die „elterliche Liebe", die fürsorgliche, sich Sorgen machende Liebe für einen

Mitmenschen sowie das Pflegen- und Helfen-Wollen und auch das Belehren-Wollen („So musst du das machen").

Im Alltag können uns das liebevolle P und das kritische P Fallen stellen. Sowohl die Vorurteile, das Belehren-Wollen, die guten, aber ungefragten Ratschläge und das Kritisieren als auch die Fürsorge und vorschnelle Hilfsbereitschaft verhindern eine klare und verantwortungsvolle Kommunikation eher, als dass sie diese fördern.

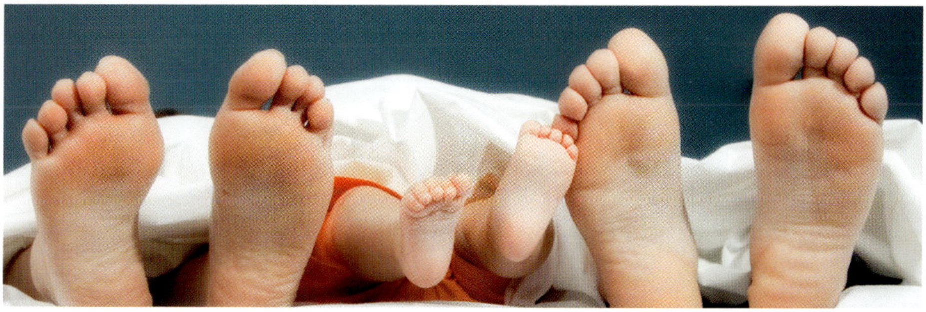

Der Persönlichkeitsteil E (Erwachsener)

Einen reiferen Beitrag leistet oft der Persönlichkeitsteil E. Dieser jüngste, den Homo sapiens ausmachende Teil einer Persönlichkeit, löst sich sowohl aus der kindlichen Ich-Bezogenheit als auch aus der Programmierung durch seine Umwelt. Er bildet sich eine eigene Meinung und trifft Entscheidungen auf Basis des Verstehen-Wollens der Zusammenhänge. Die Beobachtung, das Sammeln und Interpretieren von Fakten, vor allem deren Analyse und das Treffen ausgewogener Entscheidungen sind Aktivitäten der dritten, der erwachsenen Persönlichkeit. Während das K am liebsten immer neugierig weiterspielen würde und das P uns in überkommenen Verhaltensweisen festhalten will, interessiert sich das E für Entwicklung und Wachstum. Das E orientiert sich dabei absolut an der Realität und baut sein Tun und seine Kommunikation auf das Fundament von Fakten. Birkenbihl listet typische Formulierungen und Verhaltensweisen des E auf:

- Was ist das?
- Wie funktioniert das?
- Wozu braucht man das?
- Wie viel kostet das?
- Was sagt der X-Fachmann dazu?
- Das passt hier hinein.
- Die Spannung ist zu hoch, wir müssen noch zwei Grad zugeben.
- Die Ergebnisse zeigen ...
- Nach unseren neuesten Berechnungen ...
- Alle X sind immer so (als Schlussfolgerung).

Ein Beispiel: Herr Müller übergibt Herrn Meyer ein Buch

Welchen Einfluss diese drei Persönlichkeitsteile auf unsere Kommunikation, unser Verhalten und die Reaktion unserer Mitmenschen haben können, verdeutlicht das folgende Beispiel:

Herr Müller betritt eines Tages das Büro seines Kollegen Herrn Meyer und sagt: „Hier ist übrigens das Buch, das Sie gestern gesucht haben!"

Herr Meyer antwortet: „Oh, vielen Dank, Herr Müller. Das kann ich jetzt gut gebrauchen!" Oder: „Das hätte ich aber auch selbst gefunden!" Oder: „Hätte das nicht ein bisschen eher sein können? Ich habe das Buch schon gestern gebraucht!"

Je nachdem, auf welchen Persönlichkeitsteil Meyers die Botschaft von Müller trifft, reagiert Meyer, und zwar sehr unterschiedlich (a, b, c). Aber welcher Teil der Persönlichkeit Meyers fühlte sich jeweils angesprochen? Was ist passiert? Gehen wir alle Botschaften Stück für Stück durch:

a) Aus Müller hat – so können wir zumindest annehmen – sein E gesprochen. Sein E richtete eine auf Fakten basierende Botschaft an das E von Meyer. Meyers E konzentriert sich auf den Inhalt der Botschaft, den Fakt: Müller bringt ihm ein Buch, das er braucht, aber nicht hat. Das E von Meyer bedankt sich. Er antwortet also: „Oh, vielen Dank, Herr Müller. Das kann ich jetzt gut gebrauchen!“

b) Angenommen, das E von Müller hätte zwar eine Botschaft an das E von Meyer gerichtet, Meyers K aber hätte die Nachricht abgefangen. Folgender Wortwechsel wäre denkbar: Müller: „Hier ist übrigens das Buch, das Sie gestern gesucht haben!“ Meyer: „Das hätte ich aber auch selbst gefunden!“ Meyers K fühlt sich in seinem Selbstwertgefühl bedroht. Es denkt: „Glaubst du etwa, ich bin zu dumm, zu faul oder zu unordentlich, das Buch selbst zu finden?“ Es fühlt sich beschuldigt und rechtfertigt sich. Das K reagiert entsprechend mit Abwehr auf den vermeintlichen Angriff.

c) Die dritte Möglichkeit: Angenommen, weder Meyers K noch sein E hätten auf die Botschaft von Müller reagiert, sondern sein P stand im Weg. Dann könnte der Dialog auch so lauten: Müller: „Hier ist übrigens das Buch, das Sie gestern gesucht haben!“ Meyer: „Hätte das nicht ein bisschen eher sein können? Ich habe das Buch schon gestern gebraucht!“ Meyers P aktiviert das Muster eines Elternteils in sich und kritisiert Müller.

Botschaft und Rückbotschaft

Im Modell der Transaktionsanalyse wird je eine Botschaft und eine „Rückbotschaft“ als eine vollständige Transaktion verstanden. „Ich liebe dich!“ (Botschaft von Thomas) und „Ich dich auch!“ (Rückbotschaft von Bettina) ist eine Transaktion. Dabei ist die Rückbotschaft wie auch die ursprüngliche Botschaft jeweils an einen Adressaten gerichtet. Die Botschaften der Persönlichkeitsteile P und K sind in ihrer Richtung weniger flexibel. Botschaften des Kindes wie beispielsweise „Wollen wir spielen?“

oder „Ist das nicht schön bunt hier?“ richten sich an ein anderes Kind.

Botschaften wie „Darf ich das?“, „Liebst du mich?“, „Ich bin doch noch so klein! Hau mich bitte nicht!“ richten sich an ein Elternteil. Das heißt, auf die Persönlichkeitsteile des Erwachsenen übertragen, ein K richtet seine Botschaft an das K oder das P des Gegenübers. Meint das K zuvor (wie in den meisten Fällen), vom P des Gegenübers eine Botschaft erhalten zu haben, so wird es in der Regel die Rückbotschaft wieder an dieses P adressieren. Dabei ist zwischen sehr guten Freunden auch Folgendes möglich – das ist aber eher die Ausnahme: Fürsorgliches P an befreundetes K: „Hallo alter Freund, soll ich dir einen Kaffee machen?“ Befreundetes, schelmisches K an K im Freund (eben noch P): „Nee, aber gehst du mit mir `ne Runde Bälle schlagen?“

Recht eindeutig ist die Richtung, die die Botschaft von P nimmt. Sie ist – egal ob vom liebevollen oder vom kritischen P – an das K im Gegenüber gerichtet und bewirkt dort entweder eine Stärkung des Selbstwertgefühls von K oder die Auslösung massiver Schutz- und Abwehrmechanismen von K.

Aus diesem Grund empfinden wir manch – oberflächlich betrachtet – wohlmeinenden Ratschlag als Übergriff im wahrsten Sinne des Wortes und gehen in eine Verteidigungshaltung über. Wer von uns möchte schon wie ein Kind behandelt werden, sozusagen auf die unterste Entwicklungsstufe „degradiert“ werden – und das noch ungefragt? Leider fallen wir in der Realität allerdings viel zu häufig in diese Rolle zurück, spielen das kleine hilflose K-Opfer und geben die Verantwortung für das, was passiert, ab.

Schauen wir uns noch einmal den Dialog von Herrn Müller und Herrn Meyer an:

Variante a): Für die Beschreibung einer vollständigen Transaktion (Botschaft und Rückbotschaft) stimmt die Richtung, in welche die Botschaft von Müller zielt. Müller spricht mit seinem E zu dem E in Meyer. Dessen E erhält die Botschaft auch und antwortet zurück an das E von Müller.

Variante b) verläuft schon komplizierter: Müllers Botschaft trifft auf Meyers K. Dieses K erlebt die Botschaft als einen Angriff auf sein Selbstwertgefühl und versucht, sich eine „Streicheleinheit", eine Bestätigung, von P in Müller zu holen. Die Rückbotschaft von Meyer enthält damit die Frage eines Kindes an ein Elternteil: „Du hältst mich doch nicht für zu dumm, oder?" Wenn jetzt Müller die versteckte Frage an sein P in Meyers K-Antwort nicht wahrnimmt, entsteht ein Missverständnis. Fängt in der zweiten folgenden Transaktion nicht sein P, sondern sein K die Rückbotschaft von Meyers K ab, hört sich der Dialog so an:

Erste Transaktion: Müller: „Hier ist übrigens das Buch, das Sie gestern gesucht haben!" (E) Meyer: „Das hätte ich aber auch selbst gefunden!" (K)

Zweite Transaktion, erste Hälfte: Müller: „Na, wenn das so ist, nehme ich es eben wieder mit!" (Was so viel bedeutet wie: „Ich nehme es dir weg. Du darfst nicht damit spielen. Ich bin jetzt beleidigt!") Hören Sie sein K schmollen?

Müllers K ist jetzt ebenfalls verletzt und sucht sein Selbstwertgefühl aufzuwerten. Ohne es zu merken, ruft es als bockiges K jetzt Meyers kritisches P auf den Plan (siehe oben: K zielt meistens unbewusst auf das P des Gegenübers). Meyers P sendet die Rückbotschaft der zweiten Transaktion erwartungsgemäß aus seinem kritischen P: „Nun seien Sie doch nicht immer gleich so zimperlich!" (P). Der Samen für einen Konflikt ist gelegt. Mit zwei mal zwei Sätzen verlieren Herr Müller und Herr Meyer die Realität fast aus den Augen, die da ist: Herr Müller bringt Herrn Meyer ein Buch, das er gesucht hat und braucht.

Nehmen wir nun an, Müller nimmt die Rückbotschaft des K in Meyer an sein (Müllers) P doch wahr. Daraufhin lässt er zunächst sein liebevolles P antworten: „Selbstverständlich hätten Sie das Buch gefunden (P). Ich habe nur gerade mein Exemplar entdeckt und dachte, ich bringe es gleich mal vorbei (E)."

Wie Sie sehen, zielt Müller mit dem zweiten Teil seiner Antwort wieder auf das E in Müller ab, wie ursprünglich vorgesehen. Das K in Meyer ist besänftigt durch den ersten Teil der Antwort von Müller und kann nun als E hören und eine adäquate Rückbotschaft senden.

Nehmen Sie sich die Zeit und betrachten Sie noch die dritte Variante, die sich aus der einfachen ersten Botschaft von Müller entwickeln könnte. Sie erinnern sich, es begann so: Müller: „Hier ist übrigens das Buch, das Sie gestern gesucht haben!" Meyer: „Hätte das nicht ein bisschen eher sein können? Ich habe das Buch schon gestern gebraucht!"

Die Botschaft von Müller trifft auf das P in Meyer. Dieses reagiert mit scharfer Kritik und einer Anschuldigung. Da, wie Sie inzwischen wissen, das P sowohl die liebevollen als auch die kritischen Botschaften in der Regel an das K im Gegenüber richtet, ist klar, wer hier gerade „zusammengeputzt" wird: Das K in Müller. Wie könnte es jetzt weitergehen? Vielleicht so:
Müllers K rechtfertigt sich vor Meyers P (kritisch): „Entschuldigung, aber ich konnte doch nicht wissen ..." Darauf unterbricht Meyers P (liebevoll) mit einer Rückbotschaft an Müllers K: „Ist schon in Ordnung. Mir raucht nur so der Kopf, weil ich den Abgabetermin nachher habe. Wirklich klasse, dass Sie mitgedacht haben!"

Durch das Besänftigen von Müllers K beziehungsweise Streicheln seines Selbstwertgefühles wurde ein Streit verhindert. Der Konflikt ist noch einmal abgewendet. Der letzte Teil von Meyers Rückbotschaft könnte wieder eine Botschaft seines E an das E von Müller beinhalten, etwa so: „Die Idee einer zentralen Bibliothek ist vielleicht gar nicht so schlecht, was meinen Sie?" Die Chance auf eine sach- und lösungsbezogene weitere Kommunikation würde wieder steigen.

Wahr ist für unser Gegenüber nicht das, was wir sagen, sondern immer nur das, was es hört!

Beobachten, variieren, anwenden

Besonders deutlich werden die im Modell der Transaktionsanalyse beschriebenen Interaktionen, wenn Menschen sich streiten. Die verschiedenen Persönlichkeitsteile kommunizieren in schnell wechselnder Besetzung, ohne dass es den Beteiligten bewusst wird. Ein Wort gibt das andere, Gefühle übernehmen das Steuer, es kommt zu Missverständnissen.

Wenn Sie also mehr über das Funktionieren und die Verhaltensweisen von K, P und E lernen möchten, begeben Sie sich dorthin, wo Menschen kommunizieren, sich auseinandersetzen, streiten oder gar kämpfen. Nehmen Sie eine Beobachterrolle ein und versuchen Sie festzustellen, welche Persönlichkeitsteile gerade in welcher Weise kommunizieren. Nutzen Sie die Zeit in der Warteschlange an der Kasse und analysieren Sie den Dialog, der sich zwischen dem Kunden und der Mitarbeiterin entspinnt. Wer spricht: Kundin-E mit Mitarbeiterin-E? Verfolgen Sie die nächste Vereinsversammlung, ein gemeinsames Essen, Gespräche Ihrer Kollegen oder das der Gäste am benachbarten Tisch im Restaurant, um Beispiele zu sammeln. Nach einer Weile werden Sie besser erkennen, welche Persönlichkeitsteile in diesen Gesprächen aktiv sind. Ihnen wird auffallen, wie erstaunlich oft das K der Gesprächsteilnehmer mitspielt und wie häufig es versucht, den Selbstwert seines Menschen zu schützen. Überlegen Sie sich Alternativen zu Ihren gesammelten Beispielen. Was wäre passiert, wenn den Beteiligten bewusst gewesen wäre, welcher ihrer Persönlichkeitsteile aktiv geworden ist? Wie hätten Dialoge anders verlaufen können – zum Guten oder zum Schlechten? Formulieren Sie die alternativen Dialogverläufe aus – am besten schriftlich. Versuchen Sie, in Ihrer Fantasie sowohl völlige Missverständnisse zu kreieren als auch harmonische Win-win-Verläufe.

Das Beobachten, Analysieren und aktive Variieren von Dialogen hilft Ihnen, im Laufe der Zeit Muster und typische Formulierungen mit ihren Wirkungen schneller zu erkennen und zuzuordnen. Dann wird es Ihnen leichter fallen, Ihre eigenen Persönlichkeitsteile besser kennenzulernen und aktiv Reaktionsalternativen einzuüben.

TIPP

Je mehr Sie Ihr K in seinem Selbstwertgefühl bestärken, desto seltener wird es sich im Alltag vorschnell in den Vordergrund drängen und vermeintliche Angriffe eigenmächtig mit unangemessenen Reaktionen abwehren!

Wenn unser inneres K mit unserem inneren P kämpft

Unsere Persönlichkeitsteile K und P sind übrigens viel aktiver, als wir merken. Sie kennen das bestimmt auch: Spätestens wenn Sie aufspringen, um endlich aktiv zu werden, flüstert eine kleine boshafte Stimme in Ihrem Ohr: „In unserer Familie haben wir aber nie … “, „Das hat noch nie funktioniert …“, Wer glaubst du denn, wer du bist?“, „Hast du überhaupt die nötige Qualifikation dazu?“, „So etwas macht man nicht …“ Wir glauben tatsächlich, dass diese Sätze wahr sind, auch wenn unsere Erfahrung uns inzwischen eines Besseren belehrt hat Dennoch: Der Persönlichkeitsteil K glaubt lieber den P-Sätzen.

Immer wenn Sie etwas Neues wagen, sich etwas trauen wollen, versucht ein innerer Schwall von Bedenken und Einwänden, die Kontrolle zu übernehmen und Sie zum Aufgeben zu bewegen. K und P führen ständig Unterhaltungen und Diskussionen in uns selbst, entweder antreibend oder verhindernd. Und häufig beschimpft P uns in diesen stillen Zwiegesprächen auch noch. Die Kritiker existieren in Ihrem Kopf, sind Ballast, der Sie abhält, Ihr Leben in die Hand zu nehmen und aktiv zu werden.

Erkennen Sie Ihren Persönlichkeitsanteil P wieder? Kommen Ihnen die Einwände irgendwie bekannt vor? Kennen Sie die prägenden (Glaubens-)Sätze aus Ihrer Kindheit? Wie ist die typische Reaktion Ihres K? Aufgeben? Klein beigeben? Trotz? Rückzug? Wie laufen die typischen Dialoge in Ihrem stillen Zwiegespräch?

Aufgabe: Das eigene Erwachsenen-Ich stärken

Wie wäre es, wenn Sie Ihrem P, dem übervorsichtigen Kritiker, einen Platz in der hinteren Reihe zuweisen und mehr auf Ihr E hören?

Vervollständigen Sie die folgende Tabelle. Sammeln Sie zunächst alle Ihre Standard P-Sätze und -Einwände, die Ihnen einfallen, in der ersten Spalte. Danach überlegen Sie, was Ihr erwachsenes E sagen würde, wie es Sie mit ermutigenden Beiträgen unterstützen würde. Achten Sie darauf, dass Sie nicht aus Versehen das K antworten lassen! Gegebenenfalls lesen Sie noch einmal die typischen Reaktionsweisen der drei Persönlichkeitsteile nach. Sprechen Sie sich die Kommentare des E laut vor. Wie fühlt es sich an? Spüren Sie den Widerstand von K oder P? Wie könnten Sie die neuen Sätze so formulieren, dass K nicht verletzt, P beruhigt und E wirksam wird?

Kommentar innerer P-Kritiker	Kommentar innere E-Ermutigung
Hast du überhaupt eine Ausbildung dafür?	Wie ist dein Plan?
Das ist doch Zeitverschwendung!	Du hast es verdient!
Das haben „wir" noch nie so gemacht!	Wenn nicht jetzt, wann dann?
Streng dich mehr an!	...
Eigenlob stinkt!	
Was sollen denn die Nachbarn sagen?	
Ein Junge weint nicht!	
Spinn nicht rum!	
Bist du so blöd, oder tust du nur so?	
Sei vorsichtig!	
...	

Mit der Fragetechnik ins Gespräch kommen

Sich mit einem Gesprächspartner auf einer bestimmten Wellenlänge „einzupendeln“ erreichen wir nur selten dadurch, dass wir ohne Punkt und Komma auf ihn „einschwafeln“ – im Gegenteil: Nur wenn Sie Ihrem Gesprächspartner das Gefühl geben, an seiner Meinung und an seinem Leben ehrlich interessiert zu sein, wird es Ihnen gelingen, auch sein Interesse für Ihre Ausführungen zu gewinnen und zu erhalten. Die Methode der Fragetechnik verfügt über ein breites Repertoire von Fragen und bietet damit eine recht einfache und erlernbare Möglichkeit, ins Gespräch zu kommen beziehungsweise Gespräche zu lenken.

Frageformen

Grundsätzlich lassen sich vier verschiedene Frageformen unterscheiden. Dies sind: offene Fragen, geschlossene Fragen, Alternativfragen und taktische Fragen.

Offene Fragen

Diese Fragen werden auch W-Fragen genannt, da sie immer mit einem Fragewort beginnen. Sie heißen deshalb „offen“, weil sie dem Gesprächspartner eine völlig offene Beantwortung der Frage ermöglichen:

- Was interessiert Sie?
- Womit beschäftigen Sie sich?
- Was ist Ihnen wichtig?

Geschlossene Fragen

Diese Fragen bezeichnet man als „geschlossen", weil sie der Gesprächspartner nur mit „Ja" oder „Nein" beantworten kann:

- Soll dieses Thema behandelt werden?
- Ist es Ihnen warm genug?
- Möchten Sie teilnehmen?
- Sind Sie damit einverstanden?

Alternativfragen

Alternativfragen lassen die Auswahl zwischen meist zwei Möglichkeiten zu. Sie stellen eine Mischung aus offener und geschlossener Frageform dar:

- Möchten Sie das Thema „X" oder das Thema „Y" bearbeiten?
- Gehen wir zu A oder B?
- Waren Sie Erster, Zweiter oder Dritter?

Taktische Fragen

Mit diesen Fragen beabsichtigt man, das Gespräch in eine bestimmte Richtung zu lenken. In diese Fragekategorie fallen:

- Rhetorische Fragen
- Gegenfragen
- Kontrollfragen

TIPP

- *Stellen Sie Ihre Fragen so, dass deren Beantwortung nicht nur für Sie, sondern auch für den anderen interessant und bereichernd ist.*
- *Formulieren Sie Ihre Fragen wertneutral.*
- *Fragen Sie in knappen Worten.*
- *Geben Sie bei ungewöhnlichen Fragen eine Begründung, warum Sie fragen.*
- *Machen Sie eine Pause, wenn Sie etwas gefragt haben; lassen Sie Ihrem Partner Zeit zum Nachdenken.*
- *Stellen Sie nicht mehrere Fragen auf einmal.*
- *Sind Sie in Frage-Antwort-Sequenzen als Fragender aktiv, bereichern Sie die Fragefolgen durch Informationen und persönliche Einschätzungen*
- *Vermeiden Sie Wieso-, Weshalb-, Warum-Fragen, da diese das Schuldbewusstsein wecken. Ersetzen Sie die Fragen durch: Wie kommt es … ? Oder: Was hat dazu geführt … ?*
- *Achten Sie darauf, das Selbstwertgefühl des anderen nicht anzugreifen.*
- *Seien Sie mit geschlossenen Fragen am Gesprächsanfang vorsichtig, denn diese bremsen den Gesprächsfluss und Sie können sich damit leicht aus dem Gespräch kicken.*

Weniger reden, mehr fragen!

Der Einsatz von Fragen schafft Vertrauen bei Ihrem Gesprächspartner, ermöglicht Ihnen, Interesse zu wecken und zu erfahren, was Sie über Ihren Gesprächspartner wissen möchten. Zudem helfen Fragen Ihnen, auf den Gesprächspartner einzugehen und eine Diskussion in die gewünschte Richtung zu lenken.

Sie können Einwände schneller erkennen, eventuell bestehende Vorbehalte vermindern, Angriffe leichter abwehren und zeitlichen Spielraum für neue Argumente gewinnen. Die folgende Tabelle gibt Ihnen einen Überblick über die wichtigsten Frageformen und Ihre Einsatzmöglichkeiten:

Fragetyp	Wozu dienen sie?	Wie geht es …?	Beispiele
Offene Fragen	• Informationsgewinnung • Gesprächsförderung	W-Fragen: Wann? Was? Wie? Welche? Wo? Wer?	• Was würden Sie an Ihrem Arbeitsplatz ändern, wenn Sie freie Hand hätten? • Wie würden Sie es merken, wenn Veränderungen Wirkung zeigen?
Geschlossene Fragen	• Herbeiführen von Entscheidungen • Überprüfung von Hypothesen	Der Gesprächspartner kann nur mit „Ja" oder „Nein" antworten	Haben Sie sich an Ihrem neuen Wohnort schon gut eingelebt?
Unterscheidungsfragen	Um Unterschiede in der Wahrnehmung, Bewertung, Lösung zu erkennen	• Fragen nach Unterschieden • Aufforderung zur Benennung von Maßstäben, z. B. Prozentangaben	• Ist das Problem für alle gleich? • Für wen würde sich nichts ändern? • Was ist teurer?
Fragen nach Ausnahmen	• Um Verallgemeinerungen aufzulösen • Um Differenzen in der Wahrnehmung, Bewertung, Lösung zu erkennen	Nach Ausnahmen fragen (situativ, zeitlich, kontextbezogen)	• War das schon immer so? Unter welchen Umständen wäre eine Ausnahme möglich?
Hypothetische Fragen	• Neue Ideen kreieren • Neue Blickwinkel eröffnen • Visionen/Utopien ermöglichen	• Unmögliches durch eine Frage denkbar machen • Zusammenhänge in einen ungewohnten Kontext stellen	• Angenommen, Ihr Problem hätte sich von heute auf morgen in Luft aufgelöst, was wäre dann anders?
Sammelfragen	• Um Suchprozesse einzuleiten • Um den Fokus zu erweitern • Um sich einen Überblick zu verschaffen	Nach allem, was zum Thema/Problem dazugehört, fragen	• Was alles …? • Welche Ideen …? • Was darüber hinaus …?
Vertiefungsfragen	• Um sich Klärung zu verschaffen • Um den Fokus zu vertiefen • Um ins Detail zu gehen	• Die Aufmerksamkeit auf einzelne Faktoren lenken • Einzelne Punkte hinterfragen • Verständnisfragen stellen	• Was bedeutet …? • Was besonders …? • Was genau …?
Perspektivfragen	• Um den Blickwinkel zu wechseln • Um Kongruenz zu prüfen • Um die Funktion zu prüfen	Die hypothetischen Sichtweisen anderer Personen/Abteilungen/Interessengruppen/Bezugspersonen mit ins Spiel bringen	• Was würde dir … empfehlen? • Wie würden die Arbeitslosen … beurteilen? • Wie schätzt … Ihrer Meinung nach Ihre Zusammenarbeit ein?
Polaritätsfragen	• Um das Bewusstsein zu verwirren/verrücken • Um die Dynamik der Gesprächsteilnehmer zu prüfen • Um die Funktion zu prüfen	Den „Advocatus Diaboli" spielen	• Was geht schief, wenn alles gut geht? • Was müssen wir langsamer machen, um schneller zu werden? • Was ist das Gute, der Nutzen an dem, was stört?

Richtig zuhören

50 Prozent aller unserer Kommunikationshandlungen liegen im Bereich des Zuhörens. Aktives Hinhören und das Verbalisieren der gehörten Antworten helfen uns, eine gemeinsame Sprachebene mit unseren Gesprächspartnern zu finden. Dabei ist es wichtig, dass wir uns bewusst auf unseren Gesprächspartner konzentrieren, ihn beobachten und durch nonverbale Reaktionen zeigen, dass wir auf ihn eingehen.

Aktives Zuhören

Die Maxime des aktiven Zuhörens heißt: Erst verstehen, dann verstanden werden. Aktives Zuhören meint, die Äußerungen des Gegenübers genau aufzunehmen und das Gehörte immer wieder zusammenfassend zurückzuspiegeln, um sich zu vergewissern, auch richtig verstanden zu haben. Mit dem aktiven Zuhören tragen Sie in mehrfacher Hinsicht zum Gelingen des Gesprächs bei:

1. Sie haben durch das aktive Zuhören eine Chance, tatsächlich zu verstehen, welches die Anliegen und Beweggründe Ihres Gegenübers sind.
2. Sie signalisieren den Willen zur Verständigung und eröffnen damit in aller Regel die Möglichkeit für Ihr Gegenüber, ebenfalls zu verstehen. Beachten Sie bitte: Den anderen zu verstehen heißt nicht automatisch, ihm zuzustimmen! Sie vergeben sich nichts, wenn Sie versuchen, zu verstehen.
3. Sie ermöglichen sich und dem Gegenüber, auf die tieferen Interessen und Motive zu sprechen zu kommen, die hinter dem Gesagten stehen und oft verborgen bleiben.
4. Sie vermitteln glaubwürdig Ihr Interesse und erhöhen mit Ihrem Einsatz das Vertrauen des anderen. Bedenken Sie: Vertrauen erzeugt Vertrauen.

Anleitung zum aktiven Zuhören

Das aktive Zuhören folgt dem Prinzip „hören – wiedergeben – Zustimmung einholen".

Schenken Sie Ihrem Gegenüber als Erstes Ihre volle Aufmerksamkeit. Schalten Sie sämtliche Störungsmöglichkeiten ab, auch das Telefon und das Handy. Zeigen Sie dem anderen, dass Sie ihm voll und ganz zuhören werden.

Beschränken Sie sich zu Beginn des aktiven Zuhörens darauf, Sachverhalte genauestens aufzunehmen. Bitten Sie Ihr Gegenüber nach ein paar Sätzen um eine kleine Pause und geben Sie nun wieder, was Sie gehört haben. Fragen Sie dann, ob Ihre Zusammenfassung Zustimmung findet. Wenn nicht, bitten Sie darum, die für Sie nach wie vor unklaren Aspekte noch einmal darzulegen. Fassen Sie sie anschließend wieder zusammen. Wiederholen Sie dieses Hören und Wiedergeben, bis Sie die Zustimmung Ihres Gegenübers für Ihre Zusammenfassung haben. Das gibt Ihnen beiden die Möglichkeit, sicherzugehen, dass Sie das, was Ihr Gegenüber Ihnen mitteilen möchte, genau erfassen und dabei keine neuen Missverständnisse produziert werden. Ein Dialog des aktiven Zuhörens auf dieser ersten Stufe könnte sich zum Beispiel folgendermaßen anhören:

Der Gärtner muss die Blumen erst gießen, bevor er sich am Wachstum der Blumen erfreuen kann.

B: „Einen Moment, bitte. Ich habe Sie sagen hören, dass der Vertrag heute unterschrieben werden muss, sonst reisen Sie gleich ab. Ist das so richtig?“

A: „Nein, das stimmt so nicht. Ich kann nur nicht ewig warten, bis der Vertrag unterschrieben ist, und danach geht die Arbeit für mich ja erst richtig los. Und Sie wissen doch selbst, unter welchem Zeitdruck das Projekt steht.“

B: „Also, ich verstehe jetzt, dass Sie nicht gleich abreisen werden, wenn der Vertrag nicht heute unterschrieben wird, dass Sie es allerdings eilig haben, weil nach Vertragsabschluss viel Arbeit auf Sie zukommt und das Projekt unter Zeitdruck steht. Ist das so richtig?“

A: „Ja, genau.“

Bitte beachten Sie, dass Ihre Fragen wirklich die Intention haben, zu verstehen. Suggestivfragen oder provozierende Fragen haben mit aktivem Zuhören nichts zu tun und leisten keinen Beitrag zu einem gelungenen intensiven Gespräch.

Wenn Sie mit dem aktiven Zuhören beginnen und vielleicht die im Beispiel genannten Formulierungen benutzen, wird dieses Vorgehen Ihnen und möglicherweise auch Ihrem Gesprächspartner fremd und ungewohnt vorkommen. Bitten Sie ihn in diesem Falle um Geduld und erklären Sie ihm, dass es Ihnen tatsächlich darum geht, genau zu verstehen.

Nachdem Sie mit dieser Art des aktiven Zuhörens vertraut sind, können Sie noch einen Schritt weiter gehen und auch Bezug nehmen auf die emotionalen Botschaften, die Sie wahrnehmen. Sie können neben Ihrer sachlichen Zusammenfassung beispielsweise sagen: „Das hört sich für mich so an, als ob Sie darüber wirklich wütend/traurig/ärgerlich gewesen sind, stimmt das?“ In den allermeisten Fällen wird Ihr Gesprächspartner darauf eingehen können und Ihnen von seinen Empfindungen berichten. Durch die Vorgehensweise des aktiven Zuhörens „hören – wiedergeben – Zustimmung einholen“ gehen Sie sicher, auch die emotionale Position Ihres Gegenübers genau zu erfassen.

Sie können mit der Methode des aktiven Zuhörens überraschende Ergebnisse erzielen, aber wohlgemerkt: Diese Art des Zuhörens ist keine hohle und beliebige Technik, sondern erwächst aus der Absicht, zu verstehen und zur Einigung beizutragen. Üben Sie das aktive Zuhören mit einer Person, der Sie vertrauen, damit Sie sich sicher fühlen, wenn Sie diese Methode einsetzen.

TIPP

Signalisieren Sie Ihrem Gesprächspartner deutlich, dass Sie ihm aufmerksam zuhören. Schon mit kleinen, kurzen Körpersignalen (Nicken, Spiegeln der Mimik Ihres Gegenübers) und verbalen Bestätigungen („Dieser Punkt erscheint mir auch sehr wichtig", „Darin stimme ich Ihnen vollkommen zu", zustimmendes „Hm") zwischendurch ermutigen Sie ihn zum Weitersprechen. Heben Sie Gemeinsamkeiten hervor und kommunizieren Sie auf verbaler und/oder nonverbaler Ebene Ihr Interesse. So stellen Sie leicht eine Verbindung her. Allerdings sind solche Bestätigungen nur dann wirksam, wenn sie ehrlich gemeint, wohl dosiert und taktvoll formuliert sind. Auch das Fehlen von verbalen und vor allem nonverbalen Signalen wird Ihr Gesprächspartner sehr wohl wahrnehmen und entsprechend reagieren.

Gemeinsames unterstreichen

Wir neigen dazu, Menschen gern zu haben, die uns ähnlich sind und mit denen uns etwas verbindet. Neben verborgenen Gemeinsamkeiten lässt sich über das Teilen einer Stimmung eine erste Gemeinsamkeit bewusst herstellen. Eine Methode, erst einmal eine positive Gesprächsbeziehung aufzubauen, besteht darin, sich in Gesten, Sprechweise und Vokabular dem Gesprächspartner anzugleichen. Die folgenden Beispiele geben Ihnen einen Anhaltspunkt, was gemeint ist. Die Anwendung der Methode können Sie bei Vertretern von Berufsgruppen beobachten, die auf diese Weise versuchen, mit einer anderen Person überhaupt erst einmal ins Gespräch zu kommen (Seelsorger, Moderatoren ...).

Ist Ihr Gesprächspartner:	**dann sind Sie:**
freundlich	heiter
natürlich	natürlich
aufgebracht	anteilnehmend
bedrückt	mitfühlend
in Not	besorgt/fürsorglich

Glaubwürdigkeit herstellen

Für ein stimmiges Gesamtbild, die Herstellung von Glaubwürdigkeit, muss der andere uns auf nonverbaler (körpersprachlicher) UND verbaler (sprachlicher) Ebene übereinstimmende Botschaften übermitteln. Die Aussage „Ich bin der Größte!“ (verbal) ist in unserer Wahrnehmung nicht stimmig mit einem gebeugten, verhuschten Auftreten (nonverbal). Wir nehmen die Unstimmigkeit, die Disharmonie, bereits im Sprechen und Verhalten des anderen wahr und entscheiden – ohne Genaueres über sein Fühlen und Denken zu wissen – kurzerhand: „Nicht glaubwürdig!“

Sprache und Stimme

Unstimmigkeiten und Dissonanzen in der Wahrnehmung dessen, was gedacht und gesagt – beziehungsweise was gesagt und gehört – wird, sind umso wahrscheinlicher, je ungenauer Sie sich ausdrücken. Sie können zu authentischer Kommunikation beitragen, indem Sie Ihre Sprache realistisch und authentisch halten. Mikroskopisch genaue Aussagen zum Beispiel helfen, erfolgreicher und glaubwürdiger mit anderen zu kommunizieren.

Genaue Aussagen

Weit verbreitet ist beispielsweise die Aussage: „Ich werde den Zug um fünf nach eins nehmen." Keiner denkt sich etwas bei einem solchen Satz. Wenn man ihn jedoch genauer analysiert, erkennt man, dass er keinen Fakt, sondern ein Vorhaben beschreibt. Richtiger könnte dieser Satz also lauten: „Ich habe vor, den Zug um fünf nach eins zu nehmen." Damit beschreiben Sie klar einen Plan und bei dem kann etwas dazwischenkommen. Das entspricht der Realität.

Ein anderes Beispiel: „Ich habe mir gestern die Finger wund gewählt, um dich telefonisch zu erreichen, aber es war immer besetzt." Auch hier ist die Realität höchstwahrscheinlich eine andere: Sie haben zum Beispiel zwischen, sagen wir, vier und sechs Uhr achtmal die Nummer der betreffenden Person gewählt. Eine der Realität angemessene Sprache würde genau diesen Sachverhalt ausdrücken. Das könnte sich so anhören: „Ich habe dich gestern zwischen vier und sechs Uhr achtmal angerufen, es war jedes Mal besetzt."

Finden Sie das kleinlich? Natürlich weicht dieser Sprachgebrauch deutlich von dem ab, was als normale Umgangssprache wahrgenommen wird. Er ist präzise – und er ist gewöhnungsbedürftig für ungeübte Sprecher. Sie können die Formulierung von genauen Aussagen üben, sodass sie für Sie zur selbstverständlichen

Gewohnheit werden und zu Ihrer Glaubwürdigkeit beitragen. Die Menschen um Sie herum werden dann das, was Sie sagen, glauben und sich darauf verlassen, weil Sie damit die Realität authentisch beschreiben, Ihr Denken und Sagen in Übereinstimmung bringen und wenig Raum für Missverständnisse, Spekulationen und Vermutungen lassen. Ein weiterer Effekt ist, dass Ihre Ohren sensibler für sprachliche Ungenauigkeiten und drohende Missverständnisse werden und Sie damit von vornherein für mehr Klarheit sorgen können.

Ich-Botschaften anstatt Du-Anklagen

Vermeiden Sie entsprechend auch Aussagen wie „Du hast … gemacht", und ersetzen Sie diese durch eine Beschreibung Ihrer eigenen Gefühle und Reaktionen. Benutzen Sie Ich-Botschaften anstelle von Du-Sätzen. Üben Sie sich darin, Ihre Gefühle und Reaktionen auf nicht anklagende Art und Weise mitzuteilen. Bedenken Sie, dass auch Ihr Gegenüber sein Selbstwertgefühl um jeden Preis schützen wird und bei anklagenden Formulierungen sofort eine Abwehrhaltung einnimmt. Vermeiden Sie Missverständnisse, indem Sie die Wahrheit über Ihre Gefühle ausdrücken.
Sie können sagen: „Du hast mich vorhin verletzt." Aber: „Seitdem du das vorhin gesagt hast, fühlt sich mein Brustkorb eng an. Und eben dachte ich, am liebsten würde ich jetzt woanders sein", ist eine Aussage ganz anderer Qualität, die es Ihnen und Ihrem Gegenüber erlaubt, die Kommunikation fortzusetzen, ohne sich in eine neue und tiefere Auseinandersetzung zu begeben.
Sagen Sie nur Dinge, die Sie auch genau so meinen. Sagen Sie beispielsweise nicht: „… tut mir leid", wenn Ihnen nichts leidtut. Drücken Sie so genau wie möglich aus, was Sie wahrnehmen und fühlen, und lassen Sie alles andere weg.

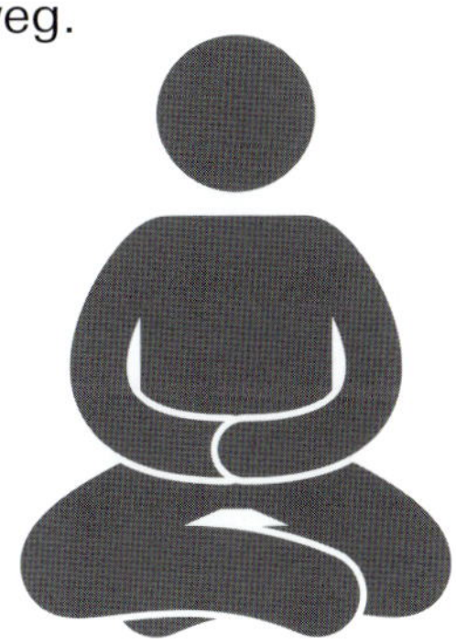

Kommunikationsförderer

Benutzen Sie Kommunikationsförderer anstelle von Kommunikationsbremsen. Unter Ersteren versteht man verbale Botschaften, die ehrlich gemeint und geeignet sind, Kommunikation zu fördern und zu vertiefen. Dazu gehören positive Beziehungsbotschaften, wertschätzende Sprache, das Unterstreichen von Gemeinsamkeiten sowie ehrliche, anerkennende Komplimente. Als Kommunikationsbremsen bezeichnen wir hingegen:

- Verallgemeinerungen
- Befehle
- Beschuldigungen
- Abwertende Äußerungen
- Unerbetene Ratschläge
- Drohungen und Unterstellungen

Selbstmord- und Reizformulierungen

Da durch die Wahl der Worte selbst bereits zahlreiche Missverständnisse entstehen können, sollten Sie bestimmte Worttypen unter allen Umständen vermeiden. Streichen Sie vor allem die sogenannten Selbstmord- und Reizwörter aus Ihrem aktiven Wortschatz.

Selbstmordwörter werden deshalb als solche bezeichnet, weil sie Unstimmigkeit und Unsicherheit signalisieren! Nicht nur, dass Sie sich selbst durch die häufige Benutzung dieser Wörter immer wieder in Ihrer Unsicherheit bestätigen. Gleichzeitig schaufeln Sie sich nach außen hin Ihr eigenes (rhetorisches) Grab! Sie wirken auf den Zuhörer nicht nur unsicher, sondern auch wenig aussagekräftig. Durch diesen Eindruck kann zum Beispiel eine sorgfältig geplante Rede – unabhängig davon, wie stichhaltig und sachlich korrekt sie ist – von vornherein ihre Wirkung verfehlen.

Ihre Zuhörer sind im besten Fall damit beschäftigt, die Unstimmigkeiten aufzulösen. Im schlimmeren Fall stempeln sie Sie als inkompetent ab und hören nicht mehr aufmerksam zu. Also gilt es solche Selbstmordwörter unter allen Umständen zu vermeiden!

Achtung: Selbstmordwörter

Vermeiden Sie Selbstmordwörter wie:

- eigentlich
- könnte
- sollte
- hätte
- müsste
- eventuell
- im Regelfall
- ein bisschen

Die andere Gruppe Ihrer Glaubwürdigkeit nicht zuträglicher Formulierungen beinhaltet die sogenannten Reizwörter oder auch ganze „Reizformulierungen". Dazu gehören „trotzdem", „dennoch", „aber", „Sie müssen" usw. Viele Menschen verbinden mit diesen Begriffen unbewusst Signale und Reize aus ihrer Kindheit, als sie sich nicht gegen ihre Eltern oder größeren Geschwister durchzusetzen vermochten.

Die natürliche Reaktion ist unterschwelliger Trotz, der Ihre Gesprächspartner und Zuhörer dazu verleitet, sich gegenüber Ihren Ausführungen zu verschließen.

Also gilt auch hier: Reizwörter unbedingt vermeiden! Wenn Sie Ihre Gesprächspartner/Zuhörer und deren Selbstwertgefühl respektieren und bemüht sind, ein gutes Klima zu schaffen, dann ist die Wahrscheinlichkeit groß, dass diese auch bereit sind, sich mit Ihren Vorstellungen und Anliegen auseinanderzusetzen. Abwertende und für das Selbstwertgefühl bedrohliche Formulierungen, die das Klima verschlechtern, sollten Sie daher auf keinen Fall verwenden!

Übrigens: Sie können Reizformulierungen gut erkennen – sie „reizen" zum Widerspruch auf der Gefühlsebene!

Achtung: Reizformulierungen

Beachten Sie, dass die meisten Reizformulierungen entweder eine Anklage oder einen Appell an den anderen beinhalten oder den Sprecher selbst erhöhen, während er den Adressaten kleiner macht beziehungsweise ihm Kompetenz abspricht.

- eigentlich
- „Sie müssen doch zugeben …"
- „Das müssen Sie doch einsehen …"
- „Sie müssen schon entschuldigen …"
- „Als Fachmann sage ich Ihnen …"
- „Sie haben mich wohl nicht richtig verstanden …"
- „Wie ich Ihnen schon ausführlich erklärt habe …"
- „Jeder vernünftige Mensch weiß doch …"
- „Sie irren sich, wenn Sie glauben …"
- „Das trifft auf keinen Fall zu …"
- „Na, aber hören Sie mal, das ist doch Unsinn …"
- „Wenn Sie ehrlich sind …"
- „Unbestritten …"/„Unzweifelhaft …"
- „Nein, das dürfen Sie nicht!"
- „Sie sollten das nicht tun …"
- „Sie sind noch zu jung, um …"

Zusammenhänge positiv formulieren

Die Fähigkeit, Zusammenhänge und Hintergründe möglichst positiv auszudrücken, trägt zusätzlich zum Gelingen eines Gesprächs oder Vortrags bei, denn dann sind die Zuhörer bereit, Ihre Äußerungen positiv – wenn auch kritisch – zu würdigen und dabei offen zu bleiben und Ihnen weiter interessiert zu folgen. Zur Verdeutlichung soll das folgende Beispiel dienen:

Sprecher A sagt:
„Bitte entschuldigen Sie, meine Damen und Herren – diese Woche hatte ich sehr viel zu tun. Ständig musste ich mich um andere Sachen kümmern. Leider hatte ich deshalb für die Vorbereitung meines Vortrags zu wenig Zeit. Ich versuche aber trotzdem, Ihnen den Lagebericht zu erläutern."

Sprecher B sagt: „Sehr geehrte Damen und Herren, aufgrund unserer guten Auftragslage sind wir alle im Moment sehr stark eingespannt, weshalb ich Ihnen mit dem Lagebericht kurz und prägnant die wesentlichen Punkte darstellen möchte."

Obwohl beide Redner grundsätzlich das Gleiche gesagt haben, nämlich dass ihnen für die Vorbereitung des Lageberichts wenig Zeit zur Verfügung stand, werden Sie bestimmt gemerkt haben, dass die Äußerung von Redner B wesentlich positiver und konkreter klingt. Mit jeder Aussage über eine Sache machen wir auch eine Aussage über uns selbst. Welchem Sprecher trauen Sie intuitiv – also auf der Gefühlsebene – mehr Kompetenz zu? Wem würden Sie aufmerksamer zuhören?

Aufgabe: Positive Formulierungen

Mit ein wenig Übung sollte es Ihnen leichtfallen, viele Dinge positiver und einladender auszudrücken, als Sie das vielleicht bisher getan haben.

Üben Sie die positive Ausdrucksweise an folgenden Formulierungen:

- „Also, ich bin noch nicht so lange in der Abteilung. Dazu kann Ihnen nichts sagen."
- „Ich werde versuchen, es bis zur nächsten Präsentation fertig zu haben."
- „Ich würde Ihnen nur ungern eine falsche Auskunft geben. Es wäre besser, wenn Herr Müller Ihnen diese Frage beantwortet."
- „Durch die Umstrukturierung der Verwaltung wird es sicher eine Menge Probleme geben."
- „Jetzt habe ich schon wieder ein Update von diesem Computerprogramm bekommen. Das wird wieder einige Wochen dauern, bis ich mit den neuen Funktionen vertraut bin."
- „Ich hatte schon immer Probleme mit Fremdsprachen. Englisch ist mir ein Gräuel. Das werde ich nie lernen."
- „Ich habe eine schreckliche Schrift. Hoffentlich können Sie überhaupt lesen, was auf der Folie steht."
- „Ich habe es nicht geschafft. Das habe ich mir gleich gedacht."
- „Das liegt mir nicht, wenn ich das anpacke, geht es bestimmt schief."
- „Eigentlich habe ich keine Lust, aber ich mache halt mit."
- „Ich kann mir Namen nicht gut merken."

Stimmig sprechen

Der Tonfall liegt im Grenzbereich zwischen verbaler und non-verbaler Sprache und ist eine unerlässliche Interpretationshilfe für Gesprochenes. So wird beispielsweise der Unterschied zwischen einer Frage und einem Befehl fast ausschließlich durch die Stimmmodulation – das Absenken oder Anheben der Stimmhöhe – deutlich gemacht. Die Reaktion auf den Tonfall einer Aussage kann durchaus zu einer Auseinandersetzung über den Inhalt führen, besonders wenn eine unangebrachte Betonung (eventuell in Verbindung mit körpersprachlichen Signalen) gewählt wird. Dies gilt auch dann, wenn der Inhalt des Satzes eigentlich vollkommen harmlos ist.

Mit unserer Stimme können wir die Wirkung dessen, was wir sagen, zunichte machen – oder auch hörbar unterstreichen. Je nach Tonalität, Dynamik und Intensität, nach Lautstärke und Betonung einzelner Wörter im Kontext werden unsere Botschaften als stimmig (!) empfunden – oder auch nicht.

Stellen Sie sich vor, Sie wären zum Casting für ein Bühnenstück eingeladen. Man weiß noch nicht, welche Rolle man Ihnen geben möchte, daher werden Sie aufgefordert, zu zeigen, was Sie mit Ihrer Stimme ausdrücken können. Für das Vorsprechen vor der Jury üben Sie die auf den Folgeseiten formulierten einfachen Sätze. Dazu ziehen Sie sich in Ihr Zimmer zurück und sprechen sich jeden Satz in verschiedenen Variationen mehrmals hintereinander vor. Versuchen Sie, so glaubwürdig wie nur möglich zu klingen – schließlich könnte das ja die Rolle Ihres Lebens werden. Sie können diese Übung noch intensivieren, wenn Sie sie vor einem großen Spiegel ausführen.

Frieren Sie Ihre Bewegungen nach jeder „Rolle" kurz ein und beobachten Sie, wie sich die Stimmlage in Ihrer Körperhaltung spiegelt – und in Ihrem Selbstwertgefühl, im Guten wie im Schlechten. Welchem Sprecher würden Sie übrigens seinen Wunsch erfüllen?

Satz	In dieser Stimmlage gesprochen	Meine Körpersprache signalisiert ...	Ich fühle mich dabei	Würde ich als Hörer bejahen oder ablehnen?
1. Ich möchte einen Tee	Flüsternd, am Ende Stimme senken			
	Weinerlich, am Ende Stimme anheben			
	Eher laut, mit fester normaler Stimme			
	Leise, mit fester normaler Stimme			
	Leise, mit fester, tiefer Stimme			
	Tiefe Stimme, ganz langsam			
	Hohe Stimme, ganz langsam			
	Hohe Stimme, sehr schnell			
	Hohe Stimme, sehr laut			
	Versuchen Sie weitere Variationen!			
2. Ich bin wirklich wütend!	Flüsternd, am Ende Stimme senken			
	Weinerlich, am Ende Stimme anheben			
	Eher laut, mit fester normaler Stimme			
	Leise, mit fester normaler Stimme			
	Leise, mit fester, tiefer Stimme			
	Tiefe Stimme, ganz langsam			
	Hohe Stimme, ganz langsam			
	Hohe Stimme, sehr schnell			
	Hohe Stimme, sehr laut			

	Versuchen Sie weitere Variationen!			
2. Jetzt reicht es. Hören Sie sofort auf!	Flüsternd, am Ende Stimme senken			
	Weinerlich, am Ende Stimme anheben			
	Eher laut, mit fester normaler Stimme			
	Leise, mit fester normaler Stimme			
	Leise, mit fester, tiefer Stimme			
	Tiefe Stimme, ganz langsam			
	Hohe Stimme, ganz langsam			
	Hohe Stimme, sehr schnell			
	Hohe Stimme, sehr laut			
	Versuchen Sie weitere Variationen!			

Wenn Sie sich ein wenig „eingesprochen" und mit Ihrer Stimme geübt haben, in Tonlage, Betonung und Lautstärke zu variieren, versuchen Sie einmal den folgenden Satz zu sprechen und ihn anschließend so lange in Nuancen zu variieren, bis er sich für Sie rundherum stimmig anhört und anfühlt und Sie zusätzlich beim Sprechen auch noch aufrecht und gelassen vor dem Spiegel stehen: „Ich weiß, was ich kann. Ich brauche es niemandem zu beweisen!"

Bitten Sie einen guten Freund, die Jury zu spielen und Ihnen ehrlich mitzuteilen, was er wie wahrnimmt! (Fragetechnik anwenden und aktiv zuhören!)

Körpersprache – Erscheinung – Auftreten

Die Körpersprache umfasst Komponenten wie Bewegung, Gestik, Mimik, Haltung und Handlung. Sie ist ein Kommunikationsmittel des zwischenmenschlichen Verhaltens, das Beziehungen steuert und aufrechterhält. Durch die Körpersprache verraten wir unbewusst sehr viel über unsere Gedanken, Gefühle und Wünsche.

Ihr Körper spricht mit

Die Körpersprache vermittelt 55 Prozent des Inhaltes einer Nachricht. Tatsächlich spielt sie in der Kommunikation eine weitaus wichtigere Rolle als das gesprochene Wort, denn von allen Informationen, die ein Mensch aus einem Gespräch entnehmen kann, entfallen nur etwa 7 Prozent auf den Inhalt der Worte selbst, 38 Prozent gewinnt er aus dem Tonfall und 55 Prozent durch die Körpersprache seines Gegenübers.

Während der Mensch relativ früh lernt, seine Sprachfähigkeit bewusst anzuwenden, kann die Körpersprache nur teilweise bewusst gesteuert werden: Im Laufe der Zeit lernen wir, sie bis zu einem gewissen Grad zu kontrollieren, ganz „abschalten" können wir sie aber nie.

Viele Elemente der Körpersprache werden genetisch weitergegeben, einige werden erlernt. Nach Ansicht von Verhaltensforschern ist die Körpersprache ein überlieferter Code, der dazu dient, menschliche Beziehungen zu regulieren, Machtstrukturen zu etablieren und aufrechtzuerhalten und die soziale Ordnung zu festigen.
Trotz kultureller und gesellschaftlicher Unterschiede gibt es vor allem im Bereich der Mimik einheitliche Grundmuster bei allen Völkern: Freude und Trauer, Angst, Zorn und Ekel werden überall auf der Welt nonverbal auf sehr ähnliche Weise ausgedrückt.

Grundsätzlich könnte man sagen, dass das gesprochene Wort dem Ausdruck von Gedanken dient, die Körpersprache dagegen dem Ausdruck von Emotionen.

Die Körperhaltung vermittelt das persönliche Befinden

Unsere Körperhaltung ist ein Ausdruck unseres persönlichen Befindens. Sie hilft, zu interpretieren, wie sicher, stimmig und souverän sich jemand fühlt. So spiegelt sich Fröhlichkeit beispielsweise in einer aufrechten, offenen Haltung wider, Resignation dagegen in einer leicht gebeugten und in sich gekehrten, also optisch eher geschlossenen Haltung. Auch die Körperbewegung spielt bei der Gesamtinterpretation eine Rolle: Ein vorgeneigter Oberkörper bei einem Gespräch signalisiert Aufmerksamkeit oder Teilnahmebereitschaft. Mit einem demonstrativen Zurücklehnen – möglichst noch mit vor der Brust verschränkten Armen – wird Desinteresse, Ablehnung beziehungsweise Missfallen am Thema kundgetan.

Die Mimik verrät überwiegend Emotionen

Die Mimik ist ein sehr ausdrucksstarkes Element der Körpersprache und dient dazu, Gefühlszustände auszudrücken und zu verdeutlichen, welche Einstellung man zu seinem Gegenüber hat. Sie ist jedoch auch das am meisten kontrollierbare Element der Körpersprache. Andererseits sind einzelne Ausdrucksformen als psychosomatische Reaktionen des Nervensystems nicht zu unterdrücken: Dazu gehören das Erblassen sowie die Erweiterung der Pupillen bei starken emotionalen Erregungen. Darüber hinaus stellt die Mimik eine ständige Rückmeldung zum gesprochenen Wort dar: Sie zeigt auf nonverbaler Ebene an, ob und wie der verbale Teil verstanden wurde und ob der Angesprochene zustimmt oder eher ablehnend oder gar überrascht reagiert. Waagerechte Stirnfalten deuten zum Beispiel auf eine stark in Anspruch genommene Aufmerksamkeit hin.

Die Gestik untermalt das Gesprochene

Gesten werden vor allem zur Untermalung des verbalen Inhalts eingesetzt. Unsere Gesten werden umso akzentuierter, je stärker unsere Gefühle durch das gesprochene Wort angeregt werden. Da wir unsere Gesten aber nur in geringem Maße kontrollieren, bringen sie oft unbeabsichtigt Gefühlszustände zum Ausdruck, die wir lieber verbergen würden: Fingerspiele oder das Spielen an Gegenständen als Ausdruck von Nervosität oder das Umklammern von Dingen als Ausdruck verhaltener Wut sind gute Beispiele dafür. Auch der Wahrheitsgehalt der verbalen Aussage lässt sich oft durch bewusstes Beobachten der Gestik des Sprechers ableiten.

Nonverbaler Sprachcode

Eine wichtige Eigenschaft aller nonverbalen Signale ist, dass sie durch ihren in unserer Gesellschaft allgemeingültigen Symbolcharakter direkt verstanden werden. Wichtige Botschaften werden auf dieser Ebene – bewusst oder unbewusst – übertragen und prägen so wesentlich die Gesprächsatmosphäre. Deshalb ist es für die eigene Glaubwürdigkeit hilfreich, sich der mit negativem Image verbundenen nonverbalen Signale seines Kulturkreises zumindest bewusst zu sein. Nur so besteht eine Chance, ungünstig wirkende Botschaften zu vermeiden oder diese bei Bedarf bewusst einzusetzen.
Die Wahrnehmung von Stimmungen und der begleitenden nonverbalen Signale ermöglicht es uns, durch bewussten Einsatz nonverbaler Reize eine Stimmungsänderung bei unserem Gesprächspartner zu bewirken. Bewusst ruhige, harmonische Bewegungen zum Beispiel helfen Hektik abzubauen und stärken die eigene Überzeugungskraft. Auch die Blickrichtung ist ein Beeinflussungsfaktor, ebenso die Dauer des Augenkontakts.

Körpersprache des Gesprächspartners	Bedeutung
Distanz	
Er/sie nähert sich schnell	Er/sie freut sich, ist begeistert, bestimmt
Abstand unter 1,2 m	Er/sie ist sicher, aufdringlich
Abstand über 1,2 m	Er/sie ist förmlich, unsicher
Er/sie sitzt gegenüber	Er/sie verhält sich abwartend, distanziert
Er/sie sitzt seitlich (nebeneinander)	Er/sie ist offen, sicher
Körperhaltung	
Die Arme vor der Brust verschränkt	Er/sie grenzt sich ab
Die Hände stecken in den Hosentaschen	Er/sie ist verschlossen, desinteressiert, will täuschen
Der Kopf ist aufgerichtet	Er/sie ist selbstsicher, aufgeschlossen
Der Kopf ist zur Seite geneigt	Er/sie ist mitfühlend, kooperativ
Der Kopf ist gesenkt, der Blick stur nach unten gerichtet	Er/sie ist hartnäckig, kampfbereit
Der Kopf wird zurückgeworfen	Er/sie ist herausfordernd
Der Oberkörper ist zurückgenommen	Er/sie ist interessiert, offen
Die Beine sind zum Partner hin übereinander geschlagen	Er/sie ist vermittelt Zuwendung
Die Beine sind vom Partner weg übereinander geschlagen	Er/sie grenzt sich ab
Gestik und Mimik	
Fester Händedruck	Er/sie ist selbstsicher
Er/sie zieht die Schultern hoch	Er/sie fühlt sich hilflos

Streicheln von Gegenständen	Deutet auf Feinfühligkeit hin
Die Finger spielen mit Gegenständen	Er/sie ist nervös, unaufmerksam
Der Daumen zeigt nach oben	Er/sie zeigt Dominanz
Er/sie faltet die Hände	Er/sie will abwehren, ist unsicher
Die Handflächen sind zum Partner erhoben	Er/sie wehrt ab
Er/sie reibt sich die Stirn	Er/sie will lästige Gedanken abwehren
Er/sie reibt sich die Hände	Er/sie ist selbstzufrieden
Er/sie bedeckt den Mund mit der Hand	Er/sie ist unsicher, will Gesagtes zurücknehmen
Er/sie lockert seinen Kragen	Er/sie will sich von innerem Druck befreien
Er/sie greift sich an die Nase	Er/sie fühlt sich ertappt oder betroffen
Er/sie trommelt mit den Fingern auf dem Tisch	Er/sie ist ungeduldig
Er/sie entfernt Staub	Er/sie ist nachdenklich
Er/sie nimmt seine Brille ab	Er/sie hat Bedenken
Er/sie putzt seine Brilile	Er/sie will Zeit gewinnen
Er/sie blickt zur Seite	Ausweichend

Das Erscheinungsbild

Die positiven Eigenschaften von nonverbalen Signalen können nur dann am positiven Verlauf unserer Kommunikation mitwirken, wenn sie den Botschaften, die über das äußere Erscheinungsbild hinaus ausgedrückt werden, nicht widersprechen. Senden Sie widersprüchliche Botschaften aus, werden Sie als unstimmig empfunden. „Irgendetwas stört", „Sie ist keine von uns, aber wer ist sie dann?", „Er meint wohl, er hat es nicht nötig?", fragt man sich. Die einen reizt, den wahrgenommenen Widerspruch aufzulösen. Andere wenden sich sofort ab, sie haben sich ein (für Sie ungünstiges) Stimmigkeitsbild gemacht und Sie für nicht weiter beachtenswert befunden.

Jeder Mensch verknüpft mit der äußeren Erscheinung eines anderen bestimmte Erwartungsbilder. Wie auch immer Sie zu diesem „Phänomen der Assoziation" stehen, auch Sie unterliegen ihm unbewusst und ständig. Wenn in Ihrem eigenen Kulturkreis jemand in einen Bus einsteigt und eine Fahrkarte löst, machen Sie sich blitzschnell anhand seiner nonverbalen und verbalen Botschaften, vor allem aber anhand seiner Erscheinung ein Bild, sortieren ihn in eine Gruppe ein, unter anderem nach Kriterien wie interessant oder uninteressant, gefährlich oder ungefährlich und vor allem glaubwürdig oder unglaubwürdig.

Ein bekanntes Beispiel liefern diejenigen, die von einem Aufenthalt in anderen Kulturkreisen berichten, dass sie Menschen kennenlernten, mit denen sie zu Hause nicht einmal im Ansatz gesprochen hätten.

Das verwundert nicht weiter, stehen doch viele der verbalen und nonverbalen Signale, die uns helfen, andere zu erkennen – und einzuordnen –, nicht zur Verfügung. Die Assoziation hilft uns nicht weiter, wir kennen die Kleiderordnung nicht, können die Stimmlage nicht einordnen, die Wortwahl, den Dialekt, das Verhalten, die Gesten sind uns fremd – selbst Beleidigungen können wir kaum als solche entziffern. Nur die Mimik gibt uns einen minimalen Anhaltspunkt, da diese bei allen Völkern recht ähnlich ist. Wir fangen in unserer Kommunikation bei null an und verwenden viel Aufmerksamkeit darauf, den anderen (Fremden) zu erkennen.

Das Phänomen der Assoziation

Glaubwürdigkeit stimmig vermitteln: Sie können sich das Phänomen der Assoziation für Ihre Anliegen zunutze machen, indem Sie Ihr Erscheinungsbild entsprechend dem Vorstellungsbild des Gesprächspartners ausrichten. Entsprechen Sie mit Ihrer optischen Erscheinung nicht den Erwartungen (zum Beispiel der Kleiderordnung), so müssen Sie mit höherem Aufwand auf nonverbaler und verbaler Ebene für Gemeinsamkeiten sorgen und von Ihrer Glaubwürdigkeit überzeugen.

Dabei geht es nicht darum, genauso auszusehen wie Ihr Gegenüber. Es geht darum, Ihrer Glaubwürdigkeit Ausdruck zu verleihen. Das Erscheinungsbild ist ein wesentliches Ausdrucksmittel. Hat sich in einer Berufsgruppe ein bestimmtes Outfit etabliert, so sollten Sie es den anderen nicht unnötig schwer machen, Sie als Kollegen zu erkennen. Ist ein weißer Kittel ein Erkennungsmerkmal Ihrer Berufsgruppe, überlegen Sie genau, ob Sie Jeans und T-Shirt tragen. Je weniger unbewussten Widerspruch und Irritation Sie mit Ihrem Erscheinungsbild erzeugen, desto schneller wird Ihr Gesprächspartner für sich die Glaubwürdigkeitsfrage („Ist er echt oder habe ich ein Fake vor mir?") abgearbeitet haben und sich der eigentlichen Sache widmen.

Mit Ihrem Erscheinungsbild können Sie es anderen schwerer machen – oder leichter.

Der Halo-Effekt von Accessoires

Kleidung, Auto, Wohnung, Schmuck, Spezialwissen, Gesundheit, Sportlichkeit sind Verstärker. Sie werden scheinbar zufällig für einen Halo-Effekt eingesetzt, um eine beabsichtigte Wirkung zu erzielen, die nicht unbedingt der Realität entspricht. Meistens geht es darum, zu beeindrucken. Ganz zufällig fand sich für den exotischen Flitzer nur direkt vor der Tür ein Parkplatz. Aus Versehen blitzt die teure Uhr unter der Manschette hervor. Ganz nebenbei wird Insiderwissen über die beste Bar in einem exotischen Land in die Unterhaltung eingeflochten. „Toller Typ", schlussfolgern die einen, „Angeber", sagen andere. Lassen Sie sich nicht zum Mitmachen bei dieser Art von Inszenierungen verleiten. Sie sind auf der Bühne, aber Ihr Ziel ist, authentisch und stimmig aufzutreten, um Glaubwürdigkeit herzustellen. Eine Form kann zwar Substanz stützen, aber ohne Substanz ist die Form nur eine leere – und sehr durchsichtige – Hülle. Man würde Ihnen schnell auf die Schliche kommen, wenn die bemühten Accessoires nicht Ihrem Denken und Fühlen entsprechen, und Sie als unglaubwürdige Person nicht weiter ernst nehmen.

„Ich bin nichts, ich habe nichts, ich kann nichts"

Es gibt einen kleinen Kniff für Tage, an denen Sie sich besonders machtlos oder wertlos, mutlos oder unattraktiv fühlen, also Ihr Selbstwertgefühl so klein ist, dass an einen glaubwürdigen öffentlichen Auftritt gar nicht zu denken ist. Der „Form-stützt-Substanz"-Kniff meint schlicht nichts anderes, als dass Sie Ihr wundes Selbst mit besonderer Aufmerksamkeit aufpäppeln beziehungsweise „in Form bringen". Alles, was Sie dafür brauchen, haben Sie zur Hand:

Zunächst widmen Sie sich ausführlich Ihrer Körperpflege. Vielleicht nehmen Sie ein Bad und brechen die Creme an, die Sie schon lange für einen besonderen Anlass aufgehoben haben. Dann suchen Sie Ihr schönstes Kostüm oder den besten Anzug hervor und kleiden sich äußerst sorgfältig und vollständig an. Einschließlich des letzten Knopfes soll alles stimmen.

Anschließend bereiten Sie einen gepflegten kleinen Imbiss mit einem feinen, kleinen Getränk dazu. Decken Sie für sich an einem Tisch (!) einen Essplatz ein, stellen Sie ein Blümchen oder eine Kerze dazu und setzen Sie sich kerzengerade und aufmerksam an den Tisch, so als befänden Sie sich in bester Gesellschaft. Kosten Sie von Ihrem Imbiss, nippen Sie an Ihrem Getränk und genießen Sie bewusst Ihre kleine Bühne.

Sie werden erleben, dass das äußere Ambiente – die Form –, das Sie für Ihr Ich geschaffen haben, Ihr Selbstgefühl hebt (die Substanz stützt) und Sie sich prompt ein wenig kräftiger fühlen werden. Vielleicht ist Ihnen nun auch noch nach einem kleinen Spaziergang zumute?

Raum und Distanzzonen

Seit Urzeiten kämpfen wir um „Lebensraum“ und unseren individuellen Gebietsanspruch. Raum hat im Miteinander eine wichtige Bedeutung: Der beanspruchte Raum eines Menschen ist umso größer, je mehr Macht dieser ausüben möchte. Und umgekehrt: Je mehr Raum jemandem zugebilligt wird, desto höher ist in der Regel sein Status in der Hierarchie. Das Ringen um das größte Büro auf der Etage ist so gesehen nichts anderes als ein stilisierter Kampf um den sozialen Status.

Viele unserer Redewendungen wie „Rück mir nicht auf die Pelle!“ oder „Komm mir nicht zu nah!“ zeugen von der Bedeutung unseres Raumempfindens. Die noch als angenehm empfundenen Abstände zum Gegenüber, die unsichtbaren Grenzen, die andere besser nicht überschreiten sollten, sind bei Angehörigen eines Kulturkreises zwar ähnlich, aber individuell unterschiedlich stark ausgeprägt. Einen Anhaltspunkt für eine in Deutschland als angemessen erachtete Distanz in einer Zweierkommunikation bietet folgende Daumenregel: Wenn Sie Ihr Gegenüber mit dem ausgestreckten Arm erreichen können, befinden Sie sich in der richtigen, nämlich in der persönlichen Distanzzone. Diese variiert im Detail zusätzlich je nach Vertrautheitsgrad der Beteiligten und

Temperament. Schon unter den Europäern kann man sehr unterschiedliche Distanzzonen wahrnehmen. Wenn Sie bei einem Fachkongress mit Teilnehmern aus mehreren europäischen Ländern die Interaktionen der Menschen mit etwas Abstand betrachten, so werden Sie vielfältige Beispiele für Missverständnisse in den persönlichen Distanzzonen beobachten können. Vertreter der südlicheren Länder haben eine deutlich schmalere Distanzzone als die Vertreter der Nordländer. Während die einen immer näher rücken, um in den für sie angenehmen und vertrauten persönlichen Gesprächsabstand zu kommen, rücken ihre nordländischen Gesprächspartner gleichzeitig kontinuierlich ab, um möglichst wieder einen für sie angenehmen, also größeren Abstand einzunehmen. Manchmal kommen aus diesem Grunde Kongresse ins Rotieren – die ganze Menge dreht sich langsam im Kreis.

Wenn wir die Sensibilität für notwendige Distanzen nicht aufbringen – oder die unsichtbaren Grenzen unterschreiten –, empfinden andere unsere Nähe als bedrohlich und unangenehm. Sie werden die Kommunikation mit uns so schnell wie möglich beenden oder sich auf verbaler und nonverbaler Ebene gegen die Grenzverletzung wehren. Die Kommunikation leidet oder kommt gar nicht zustande, der Gesprächspartner ist im besten Fall nur abgelenkt vom eigentlichen Thema oder beginnt einen „Revierkampf“, im ungünstigeren Fall wendet er sich ab.

Deshalb ist es wichtig, ein Gefühl für den angemessenen Abstand zu anderen zu entwickeln. Nur so können Sie diesen einhalten – oder im Falle eines Angriffs auch bewusst unterschreiten, um Ihren Kontrahenten zum Rückzug zu bewegen und wieder den Raum einzunehmen, den Sie für sich beanspruchen.

Aufgabe: Distanzzone ermitteln

Machen Sie zur Schärfung Ihrer Wahrnehmung für Räume und Abstände einige kleine und unauffällige Feldversuche in Ihrem Alltag.

Sie sollten dabei jedoch äußerst behutsam und vorsichtig zu Werke gehen. Denn schon an kleinsten Veränderungen lassen sich die Wirkungen von Distanzunter- oder -überschreitungen beobachten.

1. Machen Sie im Gespräch mit jemandem einen kleinen Schritt vorwärts. Was passiert? Falls Sie keine Veränderung wahrnehmen, wagen Sie einen weiteren kleinen Schritt. Ebenso können sie einen kleinen Schritt zurücktreten. Folgt Ihnen Ihr Gesprächspartner?
2. Sie sitzen mit jemandem im Restaurant am Tisch. Schieben Sie Ihr Glas in die Mitte des Tisches. Nach einer Weile schieben Sie es ganz nebenbei noch ein Stück weiter zu ihm hin, auf „seine Hälfte" des Tisches. Was passiert? Wie ist die Reaktion? Schiebt er das Glas genauso nebenbei wieder zurück? Versuchen Sie es mit dem Brotkorb. Wie weit können Sie seinen Raum „erobern", bevor er reagiert und Ihnen die imaginäre Grenze zwischen den Räumen aufzeigt, indem er die Gegenstände zurückstellt?

Üben Sie auf sicherem Terrain, in privatem und vertrautem oder gänzlich fremdem Umfeld. Üben Sie keinesfalls im beruflichen Umfeld – Ihre Distanzverletzungen und räumlichen Eroberungen werden umgehend von anderen als das interpretiert, was sie ja auch sind: Angriffe!

Raus aus der Komfortzone

Kennen Sie das ungute Gefühl, bei starkem Regen auf der Autobahn hinter einem Lastkraftwagen herzuschleichen? Der Scheibenwischer saust auf der schnellsten Stufe vor Ihnen hin und her, aber Sie sehen so gut wie gar nichts? Doch warum überholen Sie den Lkw vor Ihnen nicht einfach? Wenn Sie aus der Leidensposition mutig und konzentriert zum Überholmanöver ansetzen und die nachfolgenden wenigen unangenehmen Sekunden durchstehen, folgt die Entspannung. Was eben noch wie ein massives Unwetter aussah, entpuppt sich jetzt tatsächlich als sanfter Sprühregen!

Manchmal erscheint uns unser ganzes Leben wie das Schleichen hinter einem Lkw bei Regen. Die derzeitige Situation erleben wir negativ, aber eine mögliche Veränderung scheint so bedrohlich, dass wir sie nicht wagen und allerlei Gründe finden, in der Komfortzone zu verharren. Dabei ist die Zone, in der wir verharren, gar nicht komfortabel, aber im Vergleich zu dem Unbekannten, der Veränderung, der Anstrengung, dem Risiko, die Hürden auf dem Weg zu einer besseren Zone zu überwinden, scheint sie uns auf jeden Fall die bessere Alternative zu sein. Solange der Leidensdruck nicht zu groß wird, verharren wir deshalb in dieser vermeintlichen Komfortzone!

Manchmal warten wir so lange, bis ein Unglück uns zu einer Veränderung unserer Situation zwingt, zum Beispiel durch Krankheit oder Kündigung, den Wegfall von großen Kunden, die Trennung vom Partner oder Schwierigkeiten in der Familie. Allerdings haben sich bis dahin häufig auch unsere Wahlmöglichkeiten bereits sehr eingeschränkt.

Wir handeln dann im Autopilot nach unseren bekannten Mustern, um die schlimmsten Folgen des Unglücks abzuwehren, und nehmen uns in diesen Situationen kaum die Zeit für eine überlegte Einleitung von notwendigen Veränderungen.

Lassen Sie es nicht so weit kommen – fassen Sie sich ein Herz, verlassen Sie Ihre persönliche Komfortzone, leiten Sie Ihr persönliches Überholmanöver ein, riskieren Sie Veränderung und gestalten Sie diese, solange Sie noch die Kapazitäten und Gestaltungsoptionen haben!

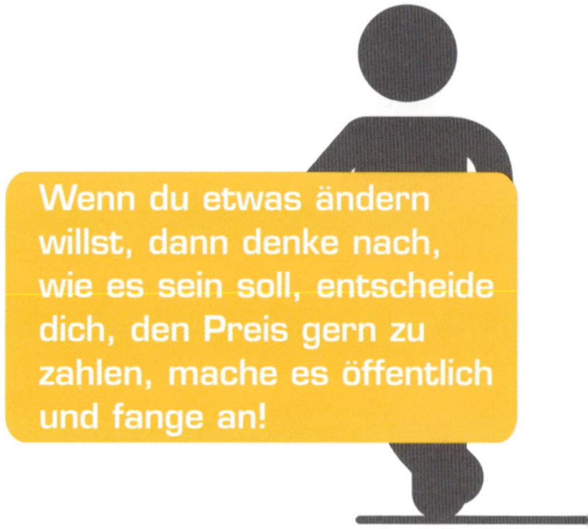

Fällige Überholmanöver einleiten

Hat Sie das „Im Regen hinter einem Lkw herschleichen"-Beispiel an Situationen erinnert, in denen Sie sich ähnlich verhalten? Vielleicht ist es kein Lkw und Sie befinden sich auch nicht auf einer Autobahn und es regnet nicht. Aber Sie kennen das Gefühl, sich nicht wohlzufühlen und gleichzeitig wider besseres Wissen nichts zu einer Veränderung beizutragen? Die Argumente, warum sie lieber in diesem Zustand verharren, kommen Ihnen auch bekannt vor?

Nehmen Sie ein Blatt Papier und machen Sie sich eine vierspaltige Liste. In der ersten Spalte sammeln Sie Beispiele aus Ihrem Leben und Ihrem Alltag, in denen Sie sich ähnlich verhalten (haben). In der zweiten Spalte sammeln Sie alle Argumente, mit denen Sie sich bisher selbst überzeugt haben, dass es besser sei, nichts an dem Zustand zu ändern. Und in der dritten Spalte? Hier werden Sie kreativ und notieren Gründe und Argumente, warum es sich lohnen könnte, doch etwas zu verändern! In der vierten Spalte schließlich halten Sie für jeden Zustand drei erste Aktivitäten fest, mit denen Sie konkret zum Überholmanöver ansetzen und eine Veränderung vornehmen könnten.

Legen Sie das Blatt zur Seite und nehmen Sie es sich am Folgetag wieder vor. Überprüfen Sie Ihre Sammlung und suchen Sie sich für den Anfang den Zustand heraus, den Sie mit dem geringsten Aufwand – und Risiko – verändern können. Schauen Sie dafür die vierte Spalte durch: Was scheint Ihnen am wenigsten riskant, am leichtesten umzusetzen? Hiermit beginnen Sie. Leiten Sie die Veränderung ein und stärken Sie mit den ersten Erfolgen Ihr Selbstvertrauen, anschließend den nächsten unliebsamen Zustand anzugehen.

Hier stecke ich sozusagen „hinter dem Lkw" fest	Dies sind meine Gründe und Argumente, nichts zu ändern	Wenn ich mich „auf die Überholspur" wagte, könnte ich dies erreichen	Dies müsste ich als Erstes tun, um etwas an dem Zustand zu ändern
Ich bewege mich viel zu wenig, gehe nicht mal spazieren	Keine Zeit, später, Faulheit	Fit bleiben, frische Gedanken, gutes Gewissen	Zeitfenster suchen, mich heute mit Freundin für übermorgen verabreden

Das Risiko des Versagens wagen

Der Anruf beim verärgerten Lieferanten, die Kaltakquise neuer Kunden, die Klärung eines alten Missverständnisses mit den Nachbarn, die Reklamation nicht funktionierender Einkäufe, die Bewerbung auf eine Stelle oder Ausschreibung, die anstehende Gehaltsverhandlung … sicher haben auch Sie Aktivitäten auf Ihrer Liste, die Sie schon länger vor sich herschieben. Sie wissen genau, dass die meisten davon nicht nur wichtig sind, sondern auch zunehmend dringlicher werden. Und doch machen Sie sich nicht an die Arbeit, schieben sie immer weiter vor sich her.

Man soll nichts übers Knie brechen. Nicht für jede Aufgabe haben wir automatisch jederzeit die Kraft und den Mut sowie das nötige Selbstvertrauen, sie anzugehen. Dann ist es schlau, nicht mit dem Kopf durch die Wand zu wollen, sondern Geduld zu haben. Manchmal ist es gut, auf den richtigen Moment zu warten. Aber wenn Sie sich dabei erwischen, dass Sie eine fällige Aufgabe immer wieder vor sich herschieben, immer wieder neue Argumente finden, sie nicht anzupacken, dann steckt mehr dahinter. Es ist die Angst, zu versagen, gewogen und für zu leicht befunden zu werden, „es“ nicht hinzubekommen, erfolglos zu sein.

Unter dem Gefühl von „keine Lust“ oder „nicht in der Stimmung“ verbirgt sich das Gefühl von Angst. Wir versuchen immer, unser Selbstwertgefühl um jeden Preis zu schützen. Ein möglicher Misserfolg macht uns Angst, weil er unser Selbstwertgefühl beschädigen könnte. Wenn die Wahrscheinlichkeit eines Misserfolgs uns größer erscheint als die Aussicht auf einen Erfolg, gehen wir lieber kein Risiko ein. Wenn wir uns aber vor dem Risiko des Versagens schützen, indem wir einfach gar nichts riskieren und jeder Herausforderung aus dem Weg gehen, schränken wir unsere Leistungen und Erfolge von vornherein ein. Wir nehmen unserem Selbstwertgefühl die Möglichkeit zu wachsen. Wir sehen nicht mehr die Chance, sondern nur noch das Risiko. Jede in Bezug auf unser Selbstwertgefühl riskant erscheinende Aufgabe wird deshalb lieber für unwichtig erklärt und gestrichen oder erst einmal auf morgen verschoben. So aber wird Nichtstun selbst auch zu einem Misserfolg, zu einer Einschränkung unseres Selbstwertgefühls.

Das Vertrackte daran ist: Je weniger Sie sich selbst zumuten und damit zutrauen, je weniger Risiken Sie eingehen, desto seltener geben Sie sich wenigstens eine Chance auf einen Erfolg. Dies gilt für jeden neuen Anlauf, für jede neue kleine oder große Herausforderung. Lassen Sie sich von einzelnen Rückschlägen nicht daran hindern, sich beim nächsten Mal wieder für die Chance zu entscheiden.

TIPP

Rückschläge verbuchen wir häufig zunächst auf der negativen Seite, wir sehen nur das Ergebnis und sind unzufrieden damit. Wenn wir aber den Weg betrachten, unser Tun reflektieren, analysieren, was wir gelernt haben, dann gehören Rückschläge auf die Habenseite: Sie bereichern unseren Erfahrungsschatz. Jeder Rückschlag steigert damit die Wahrscheinlichkeit zukünftiger Erfolge! Deshalb sollten Sie nicht verzagen und sich mutig weiter für das Risiko und damit für Ihr Fortkommen entscheiden!

Alte Schulden begleichen

Im Laufe unseres Lebens treffen wir alle irgendwann falsche Entscheidungen, tun Unrecht oder unterlassen Wichtiges, behandeln andere schlecht oder ungerecht. Selten vergessen wir diese Momente ganz, einiges davon bereuen wir noch Jahre später. Das schlechte Gewissen plagt uns, Schamesröte steigt uns ins Gesicht, wir fühlen uns schuldig, wenn wir nur an unser Verhalten denken. In manchen Fällen haben wir uns – oder andere – vielleicht in so verzwickte Lagen manövriert, dass wir lieber gar nicht mehr daran denken mögen. Ein Teil von uns hofft, diese Menschen, die wir verletzt haben, nie wieder zu treffen, damit wir uns nicht noch einmal mit der unangenehmen Situation und unserem Fehlverhalten auseinandersetzen müssen. Wir hoffen, dass das Vergessen unsere Schuld mit der Zeit mildert, ja fast so gut wie ungeschehen macht. Warum aber vergessen wir die Vorfälle, die manchmal Jahre und sogar Jahrzehnte zurückliegen, dennoch nicht?

Weil die Strategie des Vermeidens, Verdrängens, Negierens nicht vollständig funktioniert. Es scheint, als ob unser Gedächtnis für diese Zusammenhänge einen eigenen Raum reserviert hat. In unserem sogenannten persönlichen Keller liegen die Schuld-Leichen und binden Energie, Energie des Erinnerns von Schulden, die wir noch nicht beglichen haben.

Ihnen macht das nichts aus? Sie fühlen keinen Energieabfluss? Ihre Schuld-Leichen sind mausetot und machen gar nichts mit Ihnen? Seien Sie versichert: Sie tun es! Leichen im persönlichen Keller wirken wie ein Leck in der Leitung: Nur Tropfen für Tropfen entweicht, kaum merkbar, aber über die Jahre wachsen die Tropfen zu einer ansehnlichen Schuldmenge! Wenn Sie das Leck abgedichtet haben, merken Sie den Unterschied sofort. Weniger belastet durch Schuldgefühle und ein ständig unter der Oberfläche nagendes schlechtes Gewissen, gewinnt Ihr Selbstwertgefühl umgehend an Kraft. Das werden Sie spüren. Deshalb: Begleichen Sie alte Schulden, beenden Sie Konflikte mit anderen, räumen Sie Ihren persönlichen Leichenkeller aus, um jeden Preis und egal, wie lange es her ist.

Aufgabe: Den Keller aufräumen

Fertigen Sie eine Übersicht aller privaten und beruflichen Leichen in Ihrem Keller, aller Schulden, die Sie gemacht, aber nie beglichen haben, jüngste, ältere und auch sehr viele Jahre zurückliegende. Seien Sie dabei sehr ehrlich mit sich selbst.

Was genau ist passiert? Welche Wirkung hatte es? Überlegen Sie bei jedem einzelnen Fall gleich mit, was zu tun ist, um die Dinge in Ordnung und wieder in Balance zu bringen – und halten Sie Ihre Ideen fest. Hier einige Beispiele: Besuchen Sie die alte Nachbarin, mit der Sie sich vor Monaten um Kleinigkeiten gestritten haben! Helfen Sie dem Kollegen, dem Sie unlängst die versprochene Unterstützung verweigert haben. Rufen Sie den Freund an, den Sie verprellt haben, und entschuldigen Sie sich!

Ihre inneren Stimmen werden bei dieser Aufgabe viele kreative Argumente aufbringen, warum es zu teuer, zu peinlich, überflüssig, zu spät … ist, um Ihre alten Schulden zu begleichen. „Der Preis ist zu hoch!" oder „Das wird aber teuer!" oder „Dann muss aber der andere auch …", flüstern sie. Ihr innerer Schweinehund läuft jetzt zur Hochform auf: „Sicher hat der andere den Vorfall längst vergessen!", „Warum alten Staub aufwirbeln?" oder „Ich war nicht allein schuld!", raunt er Ihnen vielleicht zu. Wundert Sie das? Alte Schulden zu begleichen ist nicht angenehm. Sie müssen vielleicht sogar etwas Materielles hergeben, das Sie unrechtmäßig an sich gerissen haben, und Sie riskieren dabei Ablehnung, Zorn, Empörung anderer – kurzum lauter Angriffe auf Ihr Selbstwertgefühl. Aber vielleicht wertschätzt man auch Ihre späte Einsicht, das Begleichen der alten Schulden, das Bemühen, die Dinge wieder ins Gleichgewicht zu bringen. Nutzen Sie die Chance!

Und was tun Sie, wenn Sie tatsächlich nur auf Unverständnis und Ablehnung stoßen? Dann haben Sie auf jeden Fall das Leck für sich selbst abgedichtet, etwas in Ordnung gebracht, sich von Schuld befreit, Ihr Selbstwertgefühl bestärkt – das Gefühl für Ihren Wert vor sich selbst wiederhergestellt und durch das Wagnis des Anpackens Ihr Selbstvertrauen gestärkt! Und nur dies zählt wirklich!

Klarheit befördern

Wir wünschen uns von anderen eindeutige und verständliche Aussagen – aber tragen wir auch unseren Teil zu einer klaren und verbindlichen Kommunikation bei? Wie grenzen Sie sich ab? Wie treffen Sie Vereinbarungen und beugen Konflikten vor?

Erwartungen

Manchmal möchten wir etwas (partout) nicht, aber der „Ich muss"-Druck scheint unüberwindlich hoch und selbst ein Perspektivenwechsel hin zum „Ich will ..." macht die Entscheidung nicht besser.

„Das erwarten die einfach von mir", „Der und der ist enttäuscht von mir, wenn ich nicht mehr ...", „Keiner wird mehr mit mir sprechen ...", „Das kann ich mir gar nicht leisten ..." Eine Absage an Schwiegereltern, Kollegen, Chefs, Freunde, gute Kontakte, Kollegen und Vorgesetzte, den Partner oder die Partnerin scheint bedrohliche Konsequenzen zu haben. Sie sind der Ansicht, Sie haben manchmal eben einfach keine Wahl? Sie haben sie immer! Die Frage ist nur: Sind Sie bereit, den Preis für Ihre Entscheidung zu zahlen?

Fallbeispiel: Verpasste Wahl

Seit über zehn Jahren, so berichtete Stefan M. in einem Workshop, feiert er das Silvesterfest im Kreise seiner Großfamilie. Dabei hasst er die zeitraubenden Kochorgien Tage vor dem Fest (jeder bringt ganz zwanglos etwas mit!), das hektische Packen von Koffern am vorletzten Tag des Jahres, die mühsame und lange Fahrt über verschneite Autobahnen, die Übernachtung auf der unbequemen

Gästecouch und vor allem die Aussicht, nach dem Weihnachtstrubel nun weitere endlose Stunden mit Essen, Trinken, Herumsitzen, Quasseln und schließlich dem unvermeidlichen, völlig unnützen Geballere verbringen zu müssen. Er hatte schon oft mit seiner Frau überlegt, dass sie viel lieber das Jahr zu zweit in Ruhe ausklingen lassen würden, bei einem guten Glas Wein und guter Musik, vor dem Kamin. Letzten Sommer waren sie fest entschlossen, es dieses Jahr anders zu machen. Und dann kam der Anruf und DIE Frage: „Wann kommt ihr denn zum Silvesterfest?" Und wieder war es ihm nicht gelungen, zu sagen, dass er und seine Frau dieses Jahr nicht dabei sein würden. Aber nächstes Jahr, nächstes Jahr würde er ganz klar und deutlich sagen, was er wollte …

Befragt danach, warum er die Feier denn jedes Jahr wieder mitmache, wenn er offensichtlich doch keine Freude daran habe und sich schon seit Langem etwas anderes wünsche, antwortete Stefan M.: „Wissen Sie, was meine Familie mit uns macht, wenn wir Silvester nicht bei ihr erscheinen? Die reden Monate nicht mehr mit uns! Das hat es noch nie gegeben, dass da einer von meinen Brüdern oder ich ausschert." Bitte denken Sie über die Geschichte von Stefan M. nach und beantworten Sie folgende Fragen:

- Trifft Stefan M. eine Entscheidung? Wenn ja, welche, wofür und wogegen?
- Warum entscheidet er sich wohl so, wie er entscheidet?
- Welche Verluste fürchtet er, sodass er etwas tut, das er eigentlich nicht tun möchte?
- Geht es um Geld? Um Anerkennung? Um Zuneigung? Um Macht? Um Schüchternheit? Um etwas anderes?

- Welches menschliche Grundbedürfnis steckt hinter dieser Angst?
- Welchen Zugewinn verspricht sich Stefan M. von seiner Entscheidung?
- Was würde Ihrer Erfahrung nach passieren, wenn er nicht zum Familienfest führe? (Preis/Zugewinn)
- Was würde Ihrer Einschätzung nach passieren, wenn er führe? (Preis/Zugewinn)
- Was würden Sie anstelle von Stefan M. tun? Warum?
- Wie würden Sie vorgehen?

Die Entscheidung für ein „Nein“

Im Verlauf eines jeden Tages, eines Jahres, Ihres ganzen Lebens werden mannigfaltige neue Anfragen, Erwartungshaltungen und Optionen an Sie herangetragen und Sie treffen ständig Entscheidungen. (Keine Entscheidung zu treffen ist auch eine Entscheidung!) Wie oft antworten Sie mit „Ja“ und wie oft mit „Nein“?

Prüfen Sie wirklich, ob die zur Wahl stehende Option Sie der Befriedigung Ihrer Bedürfnisse näher bringt oder nicht? Wehren Sie sich, sind Sie bereit, einen Konflikt auszutragen, um Ihre Planungen, Werte und Talente zu verteidigen? Haben Sie den Mut, sich für „Nein“ zu entscheiden, ein „Nein“ adäquat zu kommunizieren und die Konsequenzen dieses „Neins“ auch wirklich zu tragen?

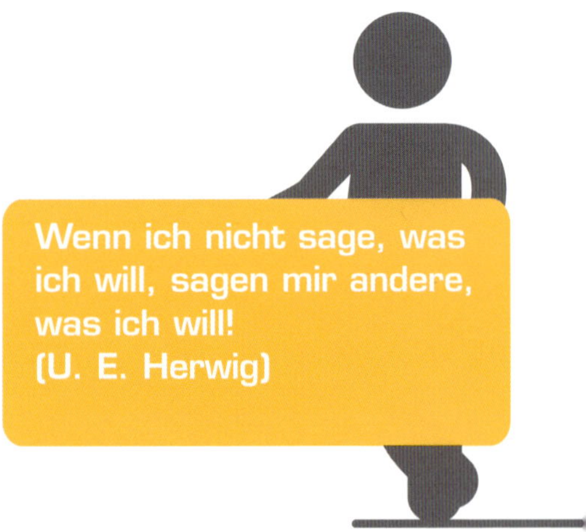

Aus Angst vor der Ablehnung

Vielen Menschen fällt es schwer, sich zu wehren, sich abzugrenzen gegen die Ansprüche und Erwartungen anderer, jemandem eine Absage zu erteilen oder nicht „Ja" zu sagen, wenn sie „Nein" denken. Wahrscheinlich haben Sie das auch schon mehr oder weniger häufig an sich beobachtet. Woran liegt das?

Der Drang, unentbehrlich und wichtig zu sein, die Angst, durch ein Nein zu verletzen, Zusagen in der Vergangenheit, an die wir uns gebunden fühlen, die Sorge, nicht mehr geliebt zu werden, Nähe und Sympathie sind starke Motivatoren, sich nicht angemessen abzugrenzen. Manche von uns treibt vor diesem Hintergrund der Wunsch, anderen zu helfen. Aber auch das Gefühl, für empfangene Leistungen, einen Gefallen oder Entgegenkommen mindestens so wertvolle Gegenleistungen geben zu müssen, lässt uns einlenken. Die Sorge, dass jemand schlecht über uns denkt, nichts mehr mit uns zu tun haben möchte, die Frage, was die Nachbarn über das wuchernde Unkraut in unserem Garten denken, Vorgesetzte über unsere Ausnutzung der Gleitzeiten, Freunde über unsere spärliche Teilnahme an gemeinsamen Unternehmungen und nicht zuletzt unsere inneren Kritiker, unsere Glaubenssätze und unsere Schuldgefühle lassen uns oft Entscheidungen treffen und Dinge tun, die wir „bei klarem Verstand" ablehnen würden und für die wir uns – im schlimmeren Fall – selbst nicht schätzen.

Im Stress auf Autopilot

Aber leider hören wir in diesen Momenten, in denen ein „Nein" angebracht wäre, nur selten auf unseren Verstand. Nicht rationale Überlegungen lassen uns die Entscheidung „Ja" oder „Nein" treffen, nicht in Ruhe abgewogene Argumente führen hier zu einem guten Schluss, sondern unsere Emotionen.
Zwischen dem, was für uns wichtig ist – was wir lieber möchten – und dem, was von uns gefordert wird, nehmen wir in diesen Entscheidungsmomenten oft eine Diskrepanz wahr. Wollen und

Sollen haben nicht den gleichen Ursprung und das gleiche Ziel, sondern driften jetzt auseinander: Was jemand anders von uns erwartet, unterscheidet sich von dem, was wir von uns selbst erwarten. Meistens zusätzlich verstärkt durch echten oder künstlich produzierten Zeitdruck, fühlen wir uns gedrängt zu reagieren, Stellung zu beziehen. Wir geraten unter Stress. Unter Stress schalten Menschen jedoch auf Autopilot. Eine Melange aus Erfahrungen, bewährten Verhaltensmustern und Emotionen übernimmt das Steuer, entscheidet und agiert. Dabei arbeitet unser Unterbewusstsein auf Hochtouren. Es „hört“ eine ganze Reihe von weiteren Botschaften unter der Oberfläche einer scheinbar simplen Frage oder Forderung an uns:

Apelle wie „Hilfst du mir bei …?“, „Könnten Sie für mich übernehmen …?“ scheinen gleichzeitig unhörbar zu fragen: „Entscheidest du dich für oder gegen mich?“ Und damit nicht genug, hören wir sehr wohl auch eine latente Drohung: „Wenn du dich gegen mich stellst, gehörst du nicht mehr zu mir, darfst du nicht mehr mit mir spielen!“

Bedürfnisorientierte Entscheidungen

Ohne dass es uns bewusst ist, wissen wir um die ungeheuere Dimension hinter jeder unscheinbar daherkommenden Anfrage – genauso wie hinter einem gemeinen Übergriff. Es geht um viel mehr als nur um die erbetene Gefälligkeit oder eingeforderte Zuwendung. Da Nähe und Gemeinschaft zu unseren elementaren Grundbedürfnissen zählen und wir diese Bedürfnisse stillen möchten, drängt es viele Menschen unbewusst dazu, „Ja" zu antworten, einzuwilligen, bevor sie merken, was sie tun, beziehungsweise sich nicht gegen einen Übergriff zu wehren. Wir haben uns – im unbewussten Autopilot-Modus – für die Dankbarkeit, Anerkennung, Sympathie und die Nähe entschieden, um ein Grundbedürfnis zu stillen. Aber haben wir uns damit auch für unsere Ziele, unsere Pläne, unseren Freiraum, unsere Lebenszeit, unser Selbstwertgefühl entschieden? Was ist mit unserem höheren Bedürfnis nach Selbstverwirklichung?

Wann immer man Ihnen rät, „einfach öfter mal" Nein zu sagen, erinnern Sie sich daran, dass es so einfach leider nicht ist. Es geht nicht allein um das Aussprechen des Neins, um die verbale oder nonverbale Abgrenzung. Es geht um eine Entscheidung zugunsten Ihrer höheren Bedürfnisse (die über die Grundbedürfnisse wie essen und schlafen, warm und sicher wohnen sowie Gemeinschaft erleben hinausgehen) und um einen damit verbundenen bewussten Verzicht. Um diese Entscheidung treffen zu können, müssen zwei Voraussetzungen erfüllt sein:

1. Sorgen Sie dafür, dass Sie Ihr Bedürfnis nach Gemeinschaft und Nähe mit den Menschen erfüllen, die Ihnen etwas bedeuten. Wer sich aufgehoben und getragen fühlt von seiner Familie, einem wohlwollenden Freundeskreis und einem loyalen Kollegenkreis, ist nicht um jeden Preis bereit, jedem zu gefallen, und ist nicht so sehr auf Sympathien aus.

2. Unter Stress, im unbewussten, nebelhaften Autopilot-Modus steuern Ihre Emotionen Ihr Verhalten. Geben Sie Ihrem Unbewussten zusätzliche

Wegmarken, an denen „es" sich in solchen Momenten orientieren kann. Als Wegmarken sind in diesem Fall formelhafte Verstärkungssätze geeignet, mit denen Sie sich unter Stress selbst insgeheim die Richtung weisen.

Aufgabe: Verstärkung für Stresssituationen

Prüfen Sie folgende Verstärkungssätze und ergänzen Sie sie wenn nötig um eigene:

- Ich entscheide für mich und bin gern bereit, die Konsequenzen zu tragen.
- Ich sage nicht „Ja", wenn ich „Nein" fühle und denke.
- Es gibt eine klare Grenze zwischen mir und euch. Sie ist hier: „Nein!"
- Mein „Nein" ist ein „Nein" und kein „Jein".
- Ich treffe nur Vereinbarungen, die ich einhalten will und kann.
- Ich bin für niemanden eine Freude/Hilfe, wenn ich mich selbst verausgabe.
- Dies ist mein Leben, meine Lebenszeit, meine Lebenskraft und sie ist mein Kostbarstes.

Prüfen Sie, welcher der möglichen Sätze zu Ihnen passt, indem Sie ihn sich mehrmals laut vorsprechen, am besten vor einem Spiegel. Was fühlen Sie dabei? Können Sie die Botschaft in Sprache, Stimme und Körpersprache glaubhaft vermitteln? Wenn nicht, dann suchen Sie weiter nach einem für Sie stimmigeren Verstärkungssatz.
Wenn Ihr Satz passt, das heißt, wenn er Sie im wahrsten Sinne des Wortes vor dem Spiegel und in Ihren Ohren

stärkt, sagen Sie sich ihn immer wieder vor oder tragen Sie ihn schriftlich mit sich herum. Ein Verstärkungssatz wird nie laut gegenüber anderen ausgesprochen. Er dient als stille Wegmarke für Ihr Unterbewusstsein! In entsprechenden Stresssituationen werden Sie sich ohne Weiteres daran erinnern und Kraft daraus ziehen können.

Tragfähige Konfliktlösung

Wenn Menschen miteinander kommunizieren, leben, arbeiten, stoßen ständig Befindlichkeiten und Interessen aufeinander. Es braucht nicht einmal große Themen und schwierige Fragen – das Potenzial, einen Konflikt auszulösen, hat schon die kleinste Äußerung, eine minimale Veränderung unserer Mimik, ein banaler Gegenstand der Begierde.

Menschen gehen sehr unterschiedlich mit Konflikten um.

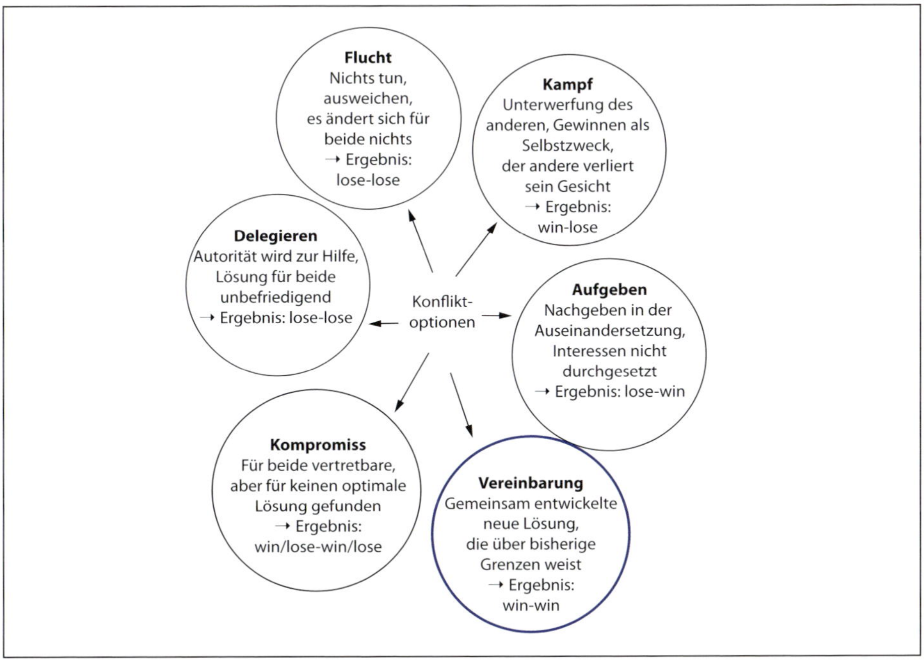

Einige folgen instinktiv ihrem Fluchtreflex (bin nicht da, keine Zeit, komplette Verdrängung) oder gehen sofort zum Angriff über (aggressives Auftreten, öffentliches Herabsetzen), manche geben schon klein bei, bevor die Auseinandersetzung richtig begonnen hat (Kindchenschema, Selbstverleumdung). Rationalere, aber im Ergebnis nicht bessere Varianten wählen diejenigen, welche die Lösung eines Konflikts delegieren (großer Bruder, Polizei, Rechtsanwalt) oder Kompromisse vorschlagen (jeder die Hälfte?).

Der Königsweg ist, gemeinsam mit dem Kontrahenten eine Lösung jenseits des bisher Vorstellbaren zu finden im Sinne von: „Nicht mein A, nicht dein B, sondern ein ganz neues C?“ Die Grafik veranschaulicht die genannten Optionen zum Verhalten in Konflikten und fasst jeweils das erreichte Ergebnis der Kontrahenten zusammen in „win“ (engl. gewinnen) oder „lose“ (engl. verlieren). „Win/lose“ liest sich dann wie „Mein Ergebnis ist gut, das des anderen schlecht“ oder „lose/ lose“ entsprechend „Wir beide haben ein schlechtes Ergebnis erzielt“. Die einzige Option, die beide Kontrahenten zum Ergebnis „ein“-bringen, ist die Vereinbarungsoption. Sie ist gleichzeitig auch die, die unsere größte Anstrengung in Bezug auf Zuhören, Fragen und Wahrnehmen braucht, um alle Ebenen der Auseinandersetzung zu erfassen und zu berücksichtigen. Dafür hat diese Option die größte Chance, von Dauer zu sein, vorausgesetzt, es gelingt uns, gemeinsam mit unserem Gesprächspartner eine klare und eindeutige Vereinbarung über die Lösung zu treffen.

Anleitung für das Treffen von Vereinbarungen

Unter Vereinbarung ist alles zu verstehen, was Sie gesagt haben, dass Sie es tun werden, und alles, was Sie gesagt haben, dass Sie es nicht tun werden. An einer Vereinbarung sind immer mindestens zwei beteiligt. Eine Sonderform sind die Vereinbarungen, die Sie mit sich selbst treffen.

Vereinbarungen zu treffen, die Sie nicht einhalten wollen, sowie Vereinbarungen nicht einzuhalten, das nagt an Ihrem Selbstwertgefühl und lenkt Sie von Ihrem Weg oder Ziel ab – außerdem kostet es Sie Energien (siehe Seite 115 ff.).

Denken Sie genau nach, bevor Sie eine Vereinbarung treffen

Es ist viel einfacher, eine Vereinbarung nicht einzugehen, als aus einer herauszukommen, die Sie nicht mehr einhalten wollen.

Treffen Sie nur Vereinbarungen, die Ihnen etwas bedeuten

Wenn Sie nicht mit dem Herzen hinter einer Vereinbarung stehen, kann es egal sein, ob es das Fußballspiel Ihres Kindes oder die jährliche Aktionärssitzung ist. Vereinbarungen, die Ihnen nichts bedeuten, sondern die Sie einfach so getroffen haben, tendieren dazu, Sie wieder einzuholen und Sie zu verfolgen, weil andere erkennen werden, dass Sie nicht wirklich bei der Sache sind.

Halten Sie Vereinbarungen möglichst schriftlich fest

Detaillierte Vereinbarungen aus Ihrem Gedächtnis herauszunehmen und sie auf Papier festzuhalten, entlastet Sie und verhilft Ihnen außerdem wieder zu Klarheit, falls Sie sich nicht mehr sicher sind, was Sie einst zugesagt haben.

Halten Sie getroffene Vereinbarungen ganz genau ein

Verändern Sie nicht heimlich einmal getroffene Vereinbarungen, sondern halten Sie sich an exakt das, was vereinbart wurde, und zwar so lange, bis die geltende Vereinbarung erfüllt oder gemeinsam (!) mit denjenigen, mit denen Sie die Vereinbarung getroffen haben, verändert wurde. Auch das ist natürlich möglich, aber nur gemeinsam!

Selbstvertrauen wagen

Es heißt, die Jungen in Irland pflegten als Mutprobe ihre Hüte über die hohen Viehzäune zu werfen. Weil sie genau wussten, dass sie ohne die wertvollen Hüte nicht nach Hause kommen durften, blieb ihnen anschließend nichts anderes übrig, als über den Zaun zu klettern und sich ihren Hut wiederzuholen. Auch Sie haben sich im Laufe der letzten Kapitel schon über etliche Ihrer persönlichen Zäune gewagt. Machen Sie sich das „Fence-Hopping“ von jetzt an zur Gewohnheit. Springen Sie im übertragenen Sinn immer wieder und regelmäßig über Ihre Grenzen und fremde Zäune. Trauen Sie sich – für Ihr Selbstvertrauen!

Das Salz der Komplimente

Komplimente sind das Salz in der Suppe des Alltags. Ein aufrichtiges Kompliment – zur rechten Zeit am rechten Ort formuliert – kann die Atmosphäre verbessern, Verbindungen knüpfen, Lebensgeister wecken und das Selbstwertgefühl bestärken. Ein unaufrichtiger Kommentar hingegen kann verletzen, Vertrauen schwächen und gerade geknüpfte Kontakte im Nu wieder zerstören. Es kommt also wie bei jedem Gewürz auf die richtige Dosierung an – sowohl beim Geben als auch beim Annehmen.

Komplimente annehmen

Komplimente anzunehmen und mit ihnen adäquat umzugehen, fällt vielen Menschen mindestens so schwer wie Komplimente zu machen. Wir lernen zwar, uns für ein Kompliment zu bedanken, und wissen, dass in unserem Kulturkreis Komplimente möglichst bald erwidert werden sollten. Aber die Gefühlsmischung von Scham, im Rampenlicht zu stehen, etwas nicht Verdientes bekommen zu haben, oder Angst, für eine Belustigung oder für schnöde Ziele benutzt zu werden, behindern die echte Freude an Komplimenten über unsere Persönlichkeit, unsere Leistung oder unser Erscheinungsbild. Getrieben von unseren Gefühlen reagieren wir dann schon einmal unangemessen mit Einsilbigkeit und Schroffheit oder mit einer Entwertung des Kompliments, indem wir widersprechen oder uns schnell kleiner und hässlicher machen, als wir sind. Damit nehmen wir uns die Chance, das Kompliment wohltuend auf unser Selbstwertgefühl einwirken zu lassen und uns mit dem Komplimentgeber positiv zu verbinden.

Test: Wie gehen Sie mit Komplimenten um?

Sie treffen einen netten Bekannten unvermittelt auf der Straße, er spricht Sie an: „Hallo, Frau Müller, wie geht es Ihnen? Ich habe Sie ja beinahe nicht erkannt! Der blaue Mantel steht Ihnen aber gut!"

Was antworten Sie in dieser Situation?

- „Och, DER alte Lappen aus der letzten Saison! Das meinen Sie ja wohl nicht ernst!"
- „Ja, finde ich auch, und er hat nur 35 Euro gekostet, ganz billig im Ausverkauf!"
- „Hmhm, Sie sind nicht der Einzige, dem er gefällt".
- „Oh danke, wie charmant!"
- „Vielen Dank, Ihrer kleidet Sie aber auch wunderbar, die Länge ist wirklich perfekt!

Komplimente machen

Als Kinder denken wir, das Beste an Geburtstagen sind die Geschenke, die wir bekommen. Wenn wir älter werden, erkennen wir, dass es ebenso viel Freude bereitet, Geschenke zu machen. Mit Komplimenten verhält es sich ähnlich. Komplimente zu erhalten, erweitert unser Selbstbewusstsein und stärkt unser Selbstwertgefühl. Großzügig Komplimente zu verteilen, bestärkt uns darin, Gutes und Schönes wahrzunehmen und uns über das Teilen des Positiven mit anderen zu verbinden. Komplimente machen zu können, setzt voraus, dass Sie aufmerksam sind und Ihre Wahrnehmung darin kontinuierlich schulen, Positives an Ihren Mitmenschen zu entdecken. Nur wenn Sie aufrichtig von dem Positiven, das Sie in ein Kompliment fassen, überzeugt sind, wird Ihre Botschaft auf allen Kanälen positiv sein und über alle Kanäle positiv aufgenommen werden. Unaufrichtige Schmeicheleien entlarven sich meist sehr schnell selbst. Ohne genau sagen zu können, woran es hapert oder was zu viel ist, nehmen wir innerhalb von Bruchteilen einer Sekunde und unbewusst jeden Hauch von Unstimmigkeit wahr. Vielleicht passte die Mikromimik des Komplimentemachers nicht zu dem, was er inhaltlich sagte, der Mund lächelte, aber die Augen blitzten zynisch. Oder die Stimme klang warm, aber die Handbewegung war abrupt.

Ein Kompliment ist eine komplexe, nicht steuerbare Komposition von allerfeinsten Nuancen in der Mimik, der Wortwahl und Betonung, der Stimme, dem Ausdruck der Augen und unserer Gesamthaltung. Bewusst lässt sich eine stimmige Zusammensetzung nicht produzieren. Deshalb bleibt Ihnen nur eines: Machen Sie nur dann Komplimente, wenn Sie ehrlich meinen, was Sie sagen.

Nur wenn Sie wirklich etwas an Ihrem Gegenüber gut, schön, apart, gelungen, bewundernswert oder sonst positiv finden, sprechen Sie ihm ein Kompliment dafür aus!

Aufgabe: Die Wahrnehmung schärfen

Nutzen Sie Komplimente als Übungsfeld, um Ihre Wahrnehmung zu trainieren und sich im Formulieren von positiven Botschaften zu üben.

Vielleicht möchten Sie erst einmal im Stillen üben? Überlegen Sie sich – während der Mittagspause oder der Zugfahrt –, wie Sie einem Menschen in der näheren Umgebung ein Kompliment machen könnten. Welche interessanten Details erkennen Sie? Wie ließen sich diese in Worte fassen? Bedenken Sie bei Ihren Überlegungen nur das, was Ihnen wirklich positiv aufgefallen ist. Unsere Gedanken und Gefühle verändern unseren Gesichtsausdruck minimal und dennoch für andere Menschen deutlich wahrnehmbar. Fühlen und denken Sie deshalb ihre Komplimente, hüllen Sie den positiven Aspekt ein in gedachte Wärme, bevor die Worte Ihren Mund verlassen. Nutzen Sie die Übung, um mit Menschen um Sie herum in Kontakt zu treten und sich mit Fremden wie Freunden zu verbinden!

Selbstbewusster durch Schreiben

Besonders wenn wir uns in einem Zustand von Angst oder Sorge, Zorn oder Trauer, Abschied und Neuanfang gefangen fühlen und keinen rechten Ausweg wissen, reagiert unser Gehirn mit Extremen: Entweder es schweigt komplett und es fühlt sich an, als ob dicker Nebel sich darin breitgemacht hat. Oder – im anderen Extrem – unsere Gedanken schreien und wirbeln in wildem Tanz umher, schwanken zwischen himmelhoch jauchzend und zu Tode betrübt. In beiden Fällen ist es uns kaum möglich, „einen klaren Gedanken" zu einem Thema zu fassen.

Die Morgenseiten-Technik

In Ihren Gedanken dreht sich alles? Sie haben zu viel im Kopf, manches davon greifbar, manches eher nebulös? Zeitweise stürmen unzählige Gedankenfetzen auf Sie ein? Von Schimpftiraden, Wenn-dann-Bedenken über Verbote und Sorgen bis hin zu Versagensängsten und Zorn – welche bedrohlichen Gedanken begleiten Sie in Ihrem Alltag?

Vielleicht herrscht aber auch absolute Stille, erschreckende Stille. Ihre Gedanken ducken sich, machen sich unsichtbar. Sie möchten Klarheit gewinnen, in Ruhe über Themen nachdenken, aber da tut sich absolut gar nichts? Sie sind wie gelähmt?

Um Klarheit zu gewinnen und den kreativen Ausweg aus dem Kopfkino – oder dem Nebel – zu finden, hat sich die von Julia Cameron als „Morgenseiten schreiben" bezeichnete Technik bewährt. Morgenseiten zu schreiben ist eine einfache, aber höchst kreative Art, nebulöse oder verworrene Gedanken zu ordnen und dazu die eigene Kreativität anzuregen.

Jeder kann die Morgenseiten-Technik anwenden. Sie brauchen dazu nichts weiter als einen Stift, ein paar Bögen Papier und 10 bis 15 Minuten Zeit, bevor Sie mit dem Tag beginnen.

Aufgabe: Morgenseiten schreiben

Legen Sie sich am Abend einen (gut funktionierenden) Stift und Papier zurecht. Gleich nach dem Aufwachen schreiben Sie dann Ihre ersten drei Morgenseiten.

Schreiben Sie Zeile um Zeile, was immer Ihnen in den Sinn kommt. Es ist wichtig, dass Sie Ihre Gedanken beim Schreiben nicht steuern, sondern alles (!) ungeordnet (!) zu Papier bringen, was Ihnen gerade durch den Kopf geht. Denken Sie nicht bewusst. Es kommt nicht auf Schönheit an, nicht auf Rechtschreibung, Zeichensetzung, nicht auf Lesbarkeit. Niemand wird je Ihre Morgenseiten zu Gesicht bekommen oder lesen.

Nutzen Sie die Chance und notieren Sie nach Herzenslust alles, was Ihnen einfällt, ungeordnet und vielleicht auch von Thema zu Thema springend. Wenn Sie denken „Mein Gott, was schreibe ich hier nur für einen Unsinn", dann schreiben Sie es auf. Wenn Sie bemerken, dass Sie heute nicht vergessen dürfen, die Blumen zu gießen – schreiben Sie es auf und lassen dann los. Versuchen Sie, sich nicht hinter die gewissenhafte Beschreibung von vergangenen Abläufen zu verstecken. Ihre Morgenseiten sind kein Tagebuch, sondern eher ein persönlicher geheimer Garten für umherwandernde Gedanken. Es gibt kein Falsch oder Richtig!

Hauptsache, sie füllen exakt drei Seiten Papier, auf keinen Fall weniger! Es braucht ein wenig, in den Fluss zu kommen. Drei Seiten – auch wenn Sie am Anfang versuchen, mit großer Schrift schnell fertig zu werden – sind ein bewährtes Maß, um die unbewussten Kräfte in unserem Hirn zu wecken. Sie können es, versuchen Sie es!

Morgens als Erstes, im noch halbwachen Zustand, Ihre drei Morgenseiten zu schreiben, sollte für Sie ein persönliches, stilles und kostbares Ritual werden. Manche benutzen für ihre Morgenseiten ein gebundenes Buch mit Blankoseiten, manche nutzen lose DIN-A4-Bögen, die Sie noch am selben Morgen zerknüllen und vernichten. Denn eines ist wichtig: Morgenseiten sind kein Tagebuch zum Aufbewahren von Kostbarem. Sie sind eher eine Projektionsfläche, eine Arbeitsfläche. Der Prozess des Schreibens ist wesentlich, nicht das Ergebnis. Lassen Sie Ihre Morgenseiten nie offen herumliegen, sie sind nicht als Lektüre gedacht, nicht für Sie selbst(!) und schon gar nicht für andere. Beginnen Sie nach dem Schreiben Ihren normalen Tagesablauf und schöpfen Sie aus der geweckten Kreativität. Es wird Ihnen bald vieles leichter und selbstbewusster von der Hand gehen.

TIPP

Ihnen will partout nichts einfallen? Dann schreiben Sie einfach immer wieder: „Ich weiß nicht, was ich schreiben soll." Sie werden es nicht schaffen, dies seiten-, tage- und wochenlang zu wiederholen. Bald werden andere Gedanken wie von selbst aus Ihnen heraus auf das Papier quellen. Füllen Sie unbeirrt jeden Tag Ihre drei Morgenseiten, egal, ob Ihnen danach ist oder nicht. Nur so wird der Schreibprozess zu einer produktiven, fließenden Auseinandersetzung zwischen den bewussten und den unbewussten, den kritischen und den kreativen Kräften in Ihrer Persönlichkeit.

Raum für beide Gehirnhälften

Unser Denken und Handeln wird durch zwei miteinander verbundene Gehirnhälften gesteuert. Die linke Großhirnhälfte denkt eher klar und linear. Sie ist für Vernunft, Ordnung und Sicherheit zuständig. Während des Schreibens der Morgenseiten fängt sie an, Ihre Gedanken zu ordnen.

In diesem logisch denkenden Teil des Gehirns wohnt aber auch der Zensor in Ihnen, der vor allem Bekanntes liebt. Alles, was er nicht kennt, versucht er, aus Ihrem Leben fernzuhalten. Dieser Zensor ist es, der Ihnen einflüstert, dass Sie dies oder jenes nie schaffen werden, und der Sie von Neuem abhält. Die Morgenseiten dienen unter anderem dazu, diesen Zensor durch neue Gedanken auf seinen Platz zu verweisen, bevor er einschreiten kann. Wo es wirklich um Ihre Sicherheit geht, ist er wichtig, nicht aber, wo er als Verhinderer auftritt.

Die rechte Gehirnhälfte ist für Kreativität, Veränderungen und Wagemut verantwortlich. Sie liebt neue, innovative Verknüpfungen, unlogische Zusammenhänge und fantasievolle Bilder. Die Morgenseiten zu schreiben hilft Ihnen dabei, Ihren Zugang zu diesem Teil Ihres Bewusstseins zu wecken und (wieder) zu entdecken, während die linke Seite noch schläfrig ist. Im morgendlichen Schreiben geben Sie Ihren kreativen und fantasievollen Kräften Raum, aufzuwachen und sich frei und ohne bewusstes Ziel zu entfalten.

Das Selbstvertrauen pflegen

„Die Wahrheit liegt im Tun“, heißt es in einem bekannten Leitsatz. Er erinnert uns daran, dass alles theoretische Wissen sich erst in der praktischen Anwendung beweist. Das braucht immer wieder Mut, Kraft und Durchhaltevermögen!

Das eigene Selbstvertrauen manifestieren

Stellen Sie sich vor, Sie befinden sich auf einer großen Feierlichkeit. Sechs als besonders authentisch geltende Menschen werden heute in einem Festakt geehrt, darunter auch Sie. Viele Menschen sind gekommen und bewundern Sie und Ihre Art. Einer der anwesenden „Pressevertreter“ bittet Sie um ein Interview und stellt nacheinander folgende Fragen:

- Weswegen, glauben Sie, werden Sie heute als eine besonders glaubwürdige Persönlichkeit geehrt?
- Welche positive Wirkung übt diese Auszeichnung auf andere aus?
- Man hört dieser Tage viel Positives über Sie, aber auch einige kritische Stimmen. Können Sie sich vorstellen, worum es da geht?
- Was ist das Wichtigste, das Sie über sich gelernt haben und das zu Ihrem großen Selbstvertrauen beigetragen hat?
- Gab es Klippen, die Sie vom Kurs hätten abbringen können? Welche? Wie haben Sie diese umschifft?
- Was würden Sie heute anders machen, wenn Sie noch einmal von vorn anfangen könnten?
- Wie fühlen Sie sich?
- Möchten Sie unseren Lesern noch eine persönliche Botschaft übermitteln?

Wenn möglich, führen Sie das Interview mit einem Interviewpartner aus Ihrem Freundeskreis durch. Beantworten Sie die Fragen nacheinander, spontan, aber ehrlich und ernsthaft. (Sie können sich zum Aufwärmen auch gern einen Spaß-Durchgang gönnen, aber danach: bitte ernsthaft!) Ihre Antworten werden stichwortartig vom „Pressevertreter" – zur Not von Ihnen selbst – notiert. Gehen Sie anschließend (gemeinsam mit dem Interviewer) die Fragen und Ihre Antworten durch. Sie werden sehen, Sie kennen die Zutaten zu Ihrem Selbstvertrauen und die Hindernisse in Ihrem Wachstum schon ziemlich genau.

Schreiben Sie die Zutaten und möglichen Hindernisse in Stichworten noch einmal auf ein gesondertes Blatt untereinander. Überlegen Sie und notieren Sie, was Sie im Auge behalten sollten, damit Ihr Selbstvertrauen weiter wachsen und gedeihen kann. Verfahren Sie ebenso mit den möglichen Hindernissen. Was könnten Sie tun, um die Hindernisse zu umschiffen? Notieren Sie erste, Ihnen geeignet erscheinende Ideen und Maßnahmen. Diese Sammlung sollten Sie immer wieder einmal hervornehmen und prüfen: Haben Sie ihr ausreichend Aufmerksamkeit zukommen lassen? Nutzen Sie Ihre wertvollen Erkenntnisse! Manifestieren Sie Ihr „Selbstvertrauen".

Unsere Prägungen und unser Verhalten zu prüfen, Unliebsames zu benennen, sich für Veränderungen zu entscheiden, Pläne zu schmieden, Meilensteine zu setzen, die Umsetzung – all das kostet viel Energie, insbesondere wenn wir uns mit offensichtlich ungewohnten, riskanten und manchmal damit verbunden auch unangenehmen Situationen und Ereignissen beschäftigen müssen. Unsicherheit und Zweifel übernehmen schnell das Spielfeld und versuchen immer wieder, unser Denken und Fühlen, unser Verhalten und unsere Worte zu lenken. Dagegen hilft nur das Tun! Vergraben Sie sich nicht in der Sofaecke. Sie erinnern sich: Selbstvertrauen wird gestärkt, wenn wir uns trauen, etwas wagen. Egal wie das Ergebnis ausfällt, wenn Sie sich des Zustandekommens von Selbstvertrauen bewusst geworden sind, wissen Sie, dass allein etwas zu wagen Sie bestärkt.

Handeln hilft gegen den Zweifel

Tun Sie also möglichst täglich etwas – und sei es auch noch so wenig – für die Pflege und das Wachstum Ihres Selbstvertrauens, indem Sie sich auf das Spielfeld trauen! Entscheiden Sie sich, zu denen zu gehören, die eher die Chancen für Wachstum sehen als das Risiko des Misserfolgs. Der Alltag bietet vielfältige Möglichkeiten, zu wachsen und uns unserer Kräfte und Ressourcen bewusst zu werden. Hier und da werden Sie vielleicht scheitern. Sicher werden Sie eine Art „mentalen oder emotionalen Muskelkater" erleben. Wie beim Aufnehmen einer neuen Sportart fehlen uns schlichtweg noch Muskeln, wir sind vielleicht noch nicht „im Training". Mit der Zeit und durch kontinuierliche Durchführung immer derselben Übungen bilden sich jedoch unsere Muskeln aus. Und was am Anfang kaum möglich war und große Anstrengung und Selbstüberwindung kostete, geht uns bald „in Fleisch und Blut" über – im wahrsten Sinne des Wortes.

Also: Beginnen Sie zu trainieren! Der Alltag bietet beste Gelegenheiten dazu: Halten Sie Reden, wo immer Sie können, kurze oder lange, wehren Sie sich gegen Übergriffe, ergreifen Sie Partei gegen oder für etwas, streiten Sie, seien Sie frech, holen Sie Ihr übermächtiges inneres P zu Hilfe gegen missliebige Mitmenschen und verbannen Sie es auf die hinteren Bänke, wenn es anfängt, Glaubenssätze abzuspulen; grenzen Sie sich ab, verleihen Sie Ihren Gefühlen Ausdruck, setzen Sie Ihre Talente ein, erfragen Sie geschickt, was Sie wissen möchten; spielen Sie auf dem verbalen und nonverbalen Kommunikationsklavier, nutzen Sie jede öffentliche Veranstaltung als Übungsfläche für Ihre Auftritte, genießen Sie Ihre kleinen und großen Erfolge und wertschätzen Sie Ihren eigenen Wagemut, beobachten Sie, wie Sie wachsen – und erlauben Sie sich, spielerisch zu lernen! Das Leben ist diesbezüglich wie ein Fitnessstudio: Es bietet vielfältige Übungsmöglichkeiten!

Gras wächst nicht schneller, wenn man daran zieht – aber durch Zugabe von Nährstoffen, Wasser, Luft und Licht!

Die verborgenen Kräfte mobilisieren

Sollten Sie zwischendurch den Mut verlieren und feststellen, dass Selbstzweifel an Ihnen nagen, dann orientieren Sie sich an selbstbewussten Zeitgenossen. Wenn nicht alles so läuft wie vorgesehen, dann wechseln diese bewusst die Perspektive, fangen an, Fragen zu stellen, und machen sich ihren „Reichtum" gezielt bewusst. Erinnern Sie sich: Gemeinsames soziales Jammern mit anderen Zweiflern wärmt zwar kurzfristig, hilft Ihnen aber mittelfristig nicht weiter. Nehmen Sie ein Blatt Papier – oder eine frische Seite in Ihrem Morgenseitenbuch – und beantworten Sie sich folgende Fragen:

- Was will mir das Leben durch dieses Problem sagen?

- Was sollte ich tun, um mein Problem zu lösen?
- Was kann ich tun, um mein Problem zu lösen?
- Wen könnte ich um Hilfe bitten?
- Was kann ich aus der Situation lernen?
- Was kann ich jetzt unternehmen, um meine Situation möglichst sofort zu verbessern?
- Welches Ziel will ich erreichen?
- Wie kann ich mein Ziel erreichen?
- Welches ist mein erster Schritt, um dem Ziel näher zu kommen?
- Was bin ich bereit zu tun, um die Situation zu verbessern?
- Welches sind heute meine wichtigsten Aufgaben?
- Was macht diesen Tag zum Geschenk für mich?
- Was macht mich im Moment glücklich?
- Was finde ich im Moment sehr aufregend?
- Worauf kann ich zurzeit besonders stolz sein?
- Wofür in meinem Leben bin ich dankbar?
- Wofür lohnt es sich, dass ich mich voll einsetze?
- Was habe ich heute dazugelernt?
- Was hat mich näher zu meinen Zielen gebracht?
- Welches waren meine „Diamanten" des Tages?

Aufgabe: Zu guter Letzt

Wenn Sie die vorgestellten Anregungen, Perspektiven, Modelle und Werkzeuge nicht nur durchgelesen, sondern die Aufgaben durchgeführt und ein wenig im Alltag geübt haben, werden Sie sich nun leicht ein Feedback auf folgende Fragen geben können.

Nehmen Sie sich einen Moment Zeit, beurteilen Sie Ihr Wachstum und wagen Sie einen Ausblick:

- Welche neuen Aspekte und Zusammenhänge sind mir bewusst geworden?
- Wovon habe ich mich befreit?
- Welche Erkundungen habe ich mir gestattet?
- Welche Entdeckungen habe ich (dabei) gemacht?
- Welche Lerneffekte haben begonnen, sich zu festigen?
- Welche Lerneffekte sind bereits ein Teil von mir geworden/habe ich bereits verinnerlicht?
- Was passiert mir nicht mehr?
- Wovon wünsche ich mir mehr in meinem Leben?
- Welches sind meine nächsten Wagnisse?
- Wer kann mir bei Bedarf helfen?

Bücher, die weiterhelfen

Berckhan, Barbara:
Sanfte Selbstbehauptung. Die 5 besten Strategien, sich souverän durchzusetzen.
Goldmann, München 2009

Birkenbihl, Vera F.:
Kommunikationstraining. Zwischenmenschliche Beziehungen erfolgreich gestalten.
mvg-Verlag, Heidelberg 2009

Cameron, Julia:
Der Weg des Künstlers. Ein spiritueller Pfad zur Aktivierung unserer Kreativität.
Droemer Knaur, München 2000

Csikszentmihalyi, Mihaly:
Flow. Das Geheimnis des Glücks.
Klett-Cotta, Stuttgart 1993

Goffman, Erving:
Wir alle spielen Theater. Die Selbstdarstellung im Alltag.
Piper, München [u.a.] 2006

Kirschner, Josef:
Die Kunst, ein Egoist zu sein. Das Abenteuer, glücklich zu leben – auch wenn es anderen nicht gefällt.
Droemer Knaur, München 1978

Krogerus, Mikael/Tschäppeler, Roman (unter Mitarbeit von Philip Earnhart):
50 Erfolgsmodelle. Kleines Handbuch für strategische Entscheidungen.
Kein & Aber, Zürich 2008

Krogerus, Mikael/Tschäppeler, Roman
Die Welt erklärt in drei Strichen. Das kleine Buch der großen Veränderungen.
Kein & Aber, Zürich/Berlin 2011

Lindinger, Karin:
Lass los und … gewinne! Wie Sie falsche Vorstellungen aufgeben und reich dafür belohnt werden.
Gräfe und Unzer, München 2004

Scheler, Uwe:
Erfolgsfaktor Networking. Mit Beziehungsintelligenz die richtigen Kontakte knüpfen, pflegen und nutzen.
Campus, Frankfurt/Main, New York 2000

Schmitt, Tom/Esser, Michael
Status-Spiele. Wie ich in jeder Situation die Oberhand behalte.
Scherz, Frankfurt am Main 2009

Siefer, Werner/Weber, Christian:
Ich. Wie wir uns selbst erfinden.
Campus, Frankfurt am Main/New York 2006

Sprenger, Reinhard K.
Die Entscheidung liegt bei dir! Wege aus der alltäglichen Unzufriedenheit.
Campus, Frankfurt am Main/New York 1997

Watzlawick, Paul
Wie wirklich ist die Wirklichkeit? Wahn, Täuschung, Verstehen.
Piper, München/Zürich 2005

Index

Als CEO der Konzeptagentur Herwig, Produzentin eines Modelabels und bildende Künstlerin im internationalen Ausstellungsbetrieb, weiß die Autorin, was es bedeutet, sich immer wieder auf neues Terrain zu wagen und bewusst an seinen Erfolgen – und Niederlagen – zu wachsen. Die dafür nötigen Grundlagen der persönlichen Kommunikation vermittelt Ute Elisabeth Herwig in ausgesuchten Fallbeispielen sowie zahlreichen Anregungen und Tipps aus der täglichen Praxis.

Genehmigte Lizenzausgabe
EDITION XXL GmbH
Fränkisch-Crumbach 2012
www.edition-xxl.de

Idee und Projektleitung:
Sonja Sammüller
Layout, Satz und Umschlaggestaltung:
design cat GmbH

ISBN (13) 978-3-89736-283-3
ISBN (10) 3-89736-283-X

Bildnachweis

Shutterstock: .shock 95/Alex 187 57/alexsalo images 32/ AlexRoz 23/Allies Interactive Services Pvt. Ltd. 21/alysta 7/ Andresr 132/Andrey Yurlov 127/Boris Zatserkovnyy Cover, 10-11, 56-57, 88-89, 128-129/C Salisbury 13/carlo dapino 109/ Chepko Danil Vitalevich 101/corepics 62/Dmitriy Shrionosov 80/ Dmitriy Shironosov Cover back/Dudarev Mikhail 140/ER_09 9/ Eric Iselée 114/Ersler Dmitry 6/Falconia 145/ fredredhat 29/ Galina Barskaya 42/GeoM 117/Gunnar Pippel 48/Igar Shikov 11, 19, 20, 50, 57, 64, 133/imageegami Cover back/Konstantin Chagin Cover back/Kurhan 56, 88/kuznetcov_konstantin 86/ Leremy 91, 129/Liv friis-larsen 23/Marcio Jose Bastos Silva 16/ makicifa 53, 55, 79, 80, 86, 115, 136/marekuliasz 130/Marie Appert 21/Mircea BEZERGHEANU 128/Nagy Melinda 69/olly 122/pio3_Cover back/Rido 137/rtem 54/Timashov Sergiy 17, 21, 24, 27, 31, 36, 41, 47, 49, 60, 4, 77, 84, 93, 94, 96, 106, 110, 112, 116, 118, 120, 124, 131, 133, 135, 141, 143/Urostom 89/ VitezslavValka 22/Vladitto Cover back/windu 10/vip2807 21/Yan Lev 88/Yuri Arcurs Cover back/ZouZou 105